nos **valeurs**
en ébullition

Maquette de la couverture : Jacques Léveillé

ISBN 2-7609-5507-9

© Copyright Ottawa 1980 par Les Éditions Leméac Inc.
Dépôt légal — Bibliothèque nationale du Québec
2ᵉ trimestre 1980

nos **valeurs**
en ébullition

jean·guy
dubuc

LEMÉAC

DU MÊME AUTEUR

Relations entre hiérarchie et laïcat dans l'apostolat, Rome, Pontificia Universitas Gregoriana, 1967.

Le Chrétien et la terre des hommes (en collaboration), Montréal, Fides, 1967.

Mass media: pour ou contre?, Montréal, Beauchemin, 1971.

L'Évangile en papier: guide de l'éducateur, Montréal, Fides, 1978.

INTRODUCTION

On ne peut pas écrire l'histoire que l'on vit : elle nous enrobe tellement qu'il est bien difficile d'en saisir le sens. Il faut du temps pour que d'autres comprennent notre histoire. Nous, il nous faut la vivre ; à ceux qui suivent de la dire.

Mais, il y a des moments où les événements se précipitent. Tout semble changer d'un coup, ou presque. Et tout le monde, ou presque, se met à répéter : « Ce n'est plus comme autrefois... » Il semble qu'il n'y ait plus rien comme autrefois.

Pour certains, les plus jeunes, il est un peu normal de croire que le monde est né avec eux. Peut-être pas le monde entier ; mais au moins le Québec. On leur a assez dit qu'avant les années '60, c'était le temps de la grande noirceur... La lumière a choisi le temps de leur venue au monde pour apparaître : pour un temps, ils s'en sont cru les fils ; parfois, maintenant, ils s'en croient les générateurs. Ils n'ont pas besoin du passé.

Mais les autres, ceux qui se souviennent du monde qui existait il y a plus de vingt ans, ceux-là sont bien conscients que tout a changé. Pour les uns, le temps d'hier et d'avant-hier en fut un de gêne, de retenue. Ils ont porté le poids des structures immuables, de l'unanimité obligatoire, des idées toutes faites. Ils ont donc connu une nouvelle vie quand, il y a quelque vingt années, le Québec s'est mis à changer selon leurs aspirations.

Pour d'autres, cependant, le changement transformait leur vie sans que vraiment ils le veuillent. Car le temps d'autrefois était celui de l'entente spontanée, de la tradition acceptée, de l'ordre et de la paix. C'est avec beaucoup de nostalgie qu'ils se disent, entre eux, rarement aux autres : « Tout a beaucoup trop changé... »

En fait, ils ne comprennent pas toujours, ils ne savent pas vraiment, ni les uns ni les autres, pourquoi tout cela a si rapidement changé.

Un jour, des historiens liront les sociologues et raconteront aux vivants qui n'auront rien connu de notre passé pourquoi et comment le Québec s'est transformé, au début des années '60. Ce sera un chapitre ajouté aux manuels scolaires de ceux qui auront assimilé notre vie sans la connaître.

Il nous faudrait bien la connaître et la comprendre, cette vie que nous vivons. Pas à la manière des historiens ou des sociologues ; simplement à la manière de ceux qui vivent avec un minimum de réflexion sur leur présent. On a assez entendu parler de la révolution tranquille, des changements politiques, des éclatements de structures et des bouleversements d'institutions. Il faudrait tenter de savoir ce qui mijotait en dessous. Il y a trop de gens heureux de la mort du passé, affrontant trop de gens qui pleurent ce passé, trop de différence entre hier et aujourd'hui, pour ne pas avoir le goût de saisir un pourquoi de ce qui s'est produit.

Bien sûr, on peut expliquer bien des choses par la trame politique : la mort de Duplessis, l'arrivée de Jean Lesage et de son « équipe du tonnerre », ce sont là des dates marquantes. Mais on ne peut pas expliquer la transformation du peuple québécois par une simple élection. Le Québec portait en lui les racines de son changement. Le débat politique peut s'alimenter d'un contexte et même s'en saisir. Mais il n'implante pas des racines. Le Québec avait des raisons profondes de désirer et de réaliser son changement. C'est de cela qu'il faut parler.

Il n'y a pas que le Québec qui ait changé de cœur et d'habit à cette époque. Mais au Québec, on a vécu le changement d'une façon particulière. Nous avions nos raisons de nous transformer ; et ce n'est pas par hasard que nous avons choisi un sens plutôt qu'un autre. Ce n'est donc pas par hasard que bien des gens ont brusquement repensé leur vie. Pas pour rien qu'on a vécu un tel bouleversement des valeurs.

Les valeurs, c'est l'ensemble de tout ce qui nous faisait vivre autrefois. Tout ce à quoi on voulait donner une importance, tout ce qui comptait, qui durait, qui motivait, qui transcendait la vie très quotidienne. C'était ce pourquoi on voulait vivre, ce pourquoi il fallait vivre.

Les valeurs, c'était la foi, la famille, l'autorité, la morale, la tradition, bref, tout ce qui déterminait la vie. On ne pouvait les mettre en doute ni même en discuter pour une simple raison : elles étaient des postulats de vie. On ne met pas en doute les racines de la vie.

Mais tout à coup, d'autres valeurs sont entrées chez nous. D'autres raisons de vivre, d'autres stimulants, d'autres façons de voir et de vivre : l'épanouissement personnel, la liberté d'expression, la libération, et bien d'autres. On entendit même de nouvelles interprétations du sens de la vie. Les valeurs d'hier étaient subitement prises à partie et contredites. C'est là que la libération des uns a affronté le regret des autres.

Bouleversement des valeurs ? Peut-être. Quand la liberté d'expression des jeunes remplace le devoir de laisser parler les aînés ; quand l'option de foi s'oppose à la religion ; quand on voit la pluralité d'une société face à l'unanimité passée, on se dit que bien des choses ont changé. Et que les esprits qui s'alimentent à une source ou à l'autre ne sont pas prêts à s'entendre. Si ce qui fait vivre les uns contredit ce qui fait vivre les autres et que tout ce bon monde doit vivre ensemble, il vaut peut-être la peine d'analyser et de comprendre ce qui sépare les uns et les autres.

On ne peut tout expliquer. Mais si on regarde de près quelques valeurs d'autrefois ; si on les examine dans leur contexte ; si on comprend ce qu'elles ont connu, on pourra probablement comprendre ce qu'elles sont devenues.

Bouleversement des valeurs ? Peut-être. On verra bien, d'ici quelques pages.

Ces pages décrivent une réflexion, un essai, une lecture personnelle de certains événements. Elles disent ce que j'ai ressenti, vu et vécu, en étant ce que je suis, là où j'étais.

J'ai retenu certaines valeurs; j'aurais sûrement pu en choisir d'autres. Celles que vous trouverez ici reflètent, il me semble, notre évolution de façon particulière.

Rien n'est plus subjectif qu'un essai. Mais il a l'avantage d'être sans prétention. Il suggère bien plus qu'il ne prouve. Il amorce un dialogue. Il propose un échange.

C'est dans cet esprit que j'offre, non aux spécialistes des multiples sciences mais aux lecteurs de la vie quotidienne, mon effort de rapprochement entre hier, aujourd'hui et demain.

J.-G. D.

1

LA RÉFÉRENCE AUX VALEURS

On compare souvent «valeurs nouvelles» et «valeurs d'autrefois». Ces dernières, on les qualifie alors de «traditionnelles»: c'est-à-dire qu'elles représentent ce que les traditions familiales, sociales ou religieuses nous ont légué. Les autres, les nouvelles, se rattachent plus aux manifestations de la culture populaire, celle qui nous vient des mass media, principalement de la télévision et du cinéma. On semble alors opposer deux cultures, représentées chacune par son système de valeurs.

Pour ceux qui ont trouvé leur bien-être dans la culture d'autrefois, il va de soi que les deux systèmes ne se comparent pas: les valeurs du passé s'accommodent mieux à leurs idéaux, à leurs façons de vivre, à tout ce qu'ils sont profondément. Il leur est naturel de se référer aux valeurs d'autrefois pour expliquer leur vie.

Ils diront: «Dans mon temps, on avait le respect de l'autorité. Quand le père parlait, les enfants obéissaient. Quand le pape se prononçait, il n'était pas question de discuter ce qu'il disait. Aujourd'hui, on critique tout, on ne respecte plus personne. Autrefois, l'autorité, c'était une valeur...»

Pas aussi sûr que cela... Il n'est pas du tout certain que la vie d'autrefois était inspirée par des valeurs. Il est même possible que ces valeurs fussent mal connues, qu'on n'en connût que le nom; finalement, la plus importante des valeurs nouvelles serait peut-être une certaine référence aux valeurs qui n'existaient pas autrefois...

Ce qui signifierait que le bouleversement des valeurs dont on parle tant ne correspond pas vraiment à la réalité. Car les valeurs d'autrefois n'étaient peut-être pas des valeurs au sens d'aujourd'hui. Peut-être pas.

L'autorité? Voyons voir.

Dans une famille, c'est vrai que l'autorité du père n'était pas mise en question. Quand le père parlait, personne ne devait demander une explication sur ce qu'on lui ordonnait. Le père pouvait simplement dire: «C'est comme ça parce que je te le dis...» Et la mère, de son côté, prenait d'autres moyens: «Fais cela pour faire plaisir à maman...» Et le curé, lui, pouvait ajouter: «Si vous n'obéissez pas, vous offensez Dieu, vous commettez un péché.» Personne ne pouvait souligner que l'argument de chacun manquait de fondement. Personne ne pouvait demander qu'on lui explique pourquoi il fallait accorder tant d'absolu à un commandement difficile à comprendre, pourquoi cela faisait plaisir à maman que de baisser la tête, pourquoi le petit Jésus pouvait souffrir d'une désobéissance, pourquoi on grandissait dans l'humilité de l'obéissance gratuite. La valeur? On n'en parlait pas.

Peu de référence à la dimension intérieure de la réalité. Peu d'explication sur les exigences de la vie commune, sur la nécessité d'une participation uniforme, d'une logique du consentement. On ne discutait pas, on n'analysait pas: on obéissait.

La référence se trouvait à l'extérieur de la réalité elle-même. C'était pour le père, pour la mère, pour le curé ou pour le petit Jésus, peu importe. Ce que l'on voulait, chez les uns comme chez les autres, c'était un comportement favorable, une attitude précise et convenable. On obligeait à l'attitude convenable.

Quand l'attitude convenable se répétait de génération en génération, de famille en famille, de paroisse en paroisse, on en faisait alors un «principe». On pouvait alors se référer à un principe. Tous les comportements étaient prévus pour appuyer le principe.

Un principe peut se définir, selon certains, comme la formulation opérationnelle d'une valeur. Il est donc en référence implicite à une valeur. Mais pas toujours explicite: alors, on le sépare de sa valeur, on peut même ignorer et oublier la valeur à laquelle il devait se référer.

Finalement, on se retrouve en face de principes qui ont perdu leur valeur. Ils représentent un absolu. Ce n'est pas parce qu'ils étaient inexplicables qu'on ne les a pas expliqués. C'est peut-être parce qu'on n'en sentait pas la nécessité. Et après, parce qu'on ne savait plus le faire.

Le principe, c'était donc un terme de référence. Mais sans sa référence. On le transmet, on le renforcit, on l'entoure d'autorité, mais on ne le discute pas. « Pourquoi fais-tu cela ? » — « Par principe... » Alors, tout est dit. Parce que les principes ont la vie dure et n'ont pas besoin d'analyse.

Ce que l'on en a faites, des choses, par principe ! Des choses qu'on ne comprenait pas, qu'on ne pensait même pas à comprendre, que personne n'osait ou ne voulait nous expliquer : il suffisait d'avoir le bon comportement, la bonne attitude. Il fallait faire ainsi parce que c'est ainsi qu'il fallait faire. Il ne fallait pas faire cela parce que ça ne se faisait pas... On apprenait des principes, mais on ignorait leur référence.

Un exemple suffira à montrer que l'éducation aux comportements et aux attitudes, que nous avons reçue, marquait notre vie sans référence aux valeurs, et même en contradiction avec des valeurs.

On se souvient du temps encore récent où les catholiques devaient s'abstenir de viande chaque vendredi. Pourquoi ? Parce que la pénitence est une valeur importante dans la vie de celui qui veut se conformer à la vie du Christ, lui qui a volontairement souffert, qui est mort pour ressusciter, qui a choisi de traverser la souffrance pour parvenir à la gloire.

Dans l'Église, pendant des siècles, les catholiques ont participé à la vertu de pénitence de diverses façons. Certains théologiens avaient pu convaincre des fidèles que le fait de souffrir pouvait plaire à Dieu : c'était au moins une raison de souffrir. Mais pour bien des catholiques québécois, l'abstinence du vendredi signifiait une attitude, un comportement extérieur qu'on ne se préoccupait pas trop de comprendre.

Ainsi, un catholique riche pouvait, le vendredi, se rendre au meilleur restaurant de fruits de mer, demander crevettes, homard et champagne, et respecter la loi.

L'autre, le pauvre, celui qui ne pouvait se payer qu'un *hot dog*, celui-là contrevenait à la loi, commettait un péché mortel et devenait automatiquement passible de l'enfer parce qu'il avait goûté un peu de viande.

Pourquoi cette contradiction? Simplement parce que l'éducation aux attitudes et aux comportements, sans référence à une valeur sous-jacente, mène à des contresens. Et, pour une foule de raisons que sociologues, psychologues et historiens étudieront avec délectation, l'éducation que les jeunes Québécois des générations antérieures ont reçue se fondait sur des principes et non sur des valeurs. Ce qui engendrait des attitudes au lieu de convictions.

Pour s'en convaincre, il suffit de regarder de près quelques réalités que nous appelons valeurs et voir comment elles étaient vécues, le genre d'attitudes qu'elles engendraient et le genre de références qu'elles sous-tendaient.

La famille

Dans le cadre rural que la majorité de nos ancêtres a connu, la famille représente le milieu de vie primordial. On a besoin de la famille, on ne peut pas vivre sans elle. Les relations sociales, les occupations des enfants, le budget des parents, tout s'appuie sur l'infrangibilité de la famille. S'éloigner de la famille, c'est lui retirer un élément vital. Ne pas vivre avec elle, c'est se couper une relation de vie. La renier, c'est choisir la solitude et l'isolement. Ne pas l'aimer, c'est renoncer à l'affection naturelle. Bref, la famille représente un cadre total qui englobe et enveloppe toutes les dimensions de la personne vivant dans le Québec d'hier.

Mais un jour, la famille a commencé à quitter la campagne pour faire confiance à la ville. Elle a changé de lieu, mais a gardé ses besoins, car ils s'imposaient à elle, à cause de l'inconnu, d'une nouvelle dépendance, à cause de la pauvreté ou de la difficulté à communiquer.

La famille de la ville s'est naturellement repliée sur elle-même pour sa survie.

Si un enfant voulait quitter la famille avant le mariage, si un autre s'absentait du repas du Jour de l'An, si un autre manifestait quelques distances vis-à-vis l'ensemble, il représentait un danger, parce qu'il mettait en question une «valeur» indiscutable et infrangible.

Aujourd'hui, certains quittent le foyer dès qu'ils ont quelques sous; ils semblent chercher un prétexte, une raison qui les sépare du noyau central. On s'éloigne les uns des autres si on ne trouve pas l'occasion de se choisir librement. Il semblerait que l'on nie la famille. Pourtant non: on prend de nouvelles habitudes pour s'adapter aux nouveaux besoins des nouvelles situations: un cours universitaire dans une autre ville, un service communautaire dans un autre pays, une présence à un autre milieu.

La famille d'autrefois s'est structurée selon les besoins d'un contexte. Elle était tellement essentielle qu'on ne pouvait penser à la mettre en question. Pas surprenant, alors, que les éléments qui la protégeaient aient été érigés en principes, c'est-à-dire en normes absolues que l'on ne peut remettre en cause, que l'on accepte sans penser à les approfondir: les principes ont perdu l'habitude de l'introspection.

On retrouvait donc cette «valeur» famille dans la relation unique qui se transmet par le sang, dans le devoir de la conception et de la grossesse, dans la souffrance de l'accouchement, dans la tendresse des soins, dans la transmission de l'éducation par le clan, dans la communauté de vie intime, dans ce microcosme qui ouvre la porte à la société. C'était le lieu de l'épanouissement du cœur et du corps, de la découverte des âges de la vie, de la découverte de la maladie et de la mort, de l'échange des idées, de la recherche des pourquoi et des comment. La famille était le lieu de toutes les rencontres.

C'est sûrement une valeur, à n'en pas douter. Le problème, c'est qu'à l'époque, on ne se référait pas à ses dimensions internes mais plus souvent à ses qualités externes. On a vécu tout cela, mais spontanément, presque inconsciemment. Tout simplement parce que tout cela allait de soi. Le cadre familial représentait la structure unique, nécessaire : la vie s'y transmettait par habitude. Les grandes décisions se prenaient sans discuter parce que la référence se faisait à des principes. Les choses se faisaient ainsi parce que chez nous, elles s'étaient toujours faites ainsi. La famille, c'était sacré, c'était une portion de sacré dans la maison. Ça ne se discute pas, ça n'a même pas besoin d'explication.

Au temps des antiquités plus ou moins connues, les gens de toutes les civilisations avaient «sacré» certaines choses, certaines réalités importantes de leur vie, dangereuses, bienfaitrices ou essentielles. On n'en parlait pas : on espérait d'elles. Chez nous, la famille était sacrée.

L'important n'était sûrement pas d'identifier intellectuellement tous les éléments qui composent intrinsèquement une valeur : ce qui comptait, c'était de l'incarner, de s'en laisser pénétrer, de la vivre. Ce qui fait que la famille québécoise a pu transmettre sa part d'épanouissement, utilisant ses richesses et ses beautés. L'essentiel de la valeur a été vécu chez plusieurs.

Mais si la société se met à changer, subitement...

Tant que la réalité se vit dans le même contexte, tant qu'elle est protégée par un tout, ça va. Mais si, un jour, d'autres réalités, d'autres dimensions de vie, d'autres facettes de vie l'affrontent ou la contredisent...

La valeur, laissée seule, risque de ne pas trouver d'argument qui la défende. Elle se connaît si mal qu'elle ne sait utiliser ses ressources les plus belles. Elle a été vécue inconsciemment : elle souffre d'inconscience.

La famille représente très bien cette valeur très riche, vécue au fil des générations, qui a aujourd'hui bien du mal à se défendre. Pourquoi ? Parce que de la valeur on a fait un principe isolé. La réflexion a cédé le pas aux habitudes, aux attitudes, aux comportements. La famille d'hier apparaît donc maintenant comme un lieu de principes, où les attitudes n'avaient que très peu de lien conscient avec une valeur importante. Si la valeur

n'est pas connue, n'essayez pas, en changeant de contexte et de vie, de répéter les attitudes: elles seront
fausses. Il leur faut une valeur pour leur donner un sens.
Et la «valeur» famille, on n'a pas appris à la connaître.

Le cadre familial d'aujourd'hui est tout autre, la vie
familiale se vit de toute autre façon. La «valeur» famille,
telle que cachée par les principes d'hier et telle que désirée aujourd'hui, existe encore. Mais il est bien difficile de
s'y référer: la valeur ne s'est pas transmise, les attitudes n'ont plus de sens. Il n'aurait pas fallu isoler valeur
et principe.

L'autorité

Autre transformation: celle d'une valeur qui semble avoir connu un grand bouleversement et qui traverse
peut-être, tout simplement, une crise d'identité, une valeur que le prétendu bouleversement sert simplement à
faire paraître. Parlons de la valeur «autorité».

Y avait-il valeur plus sacrée que l'autorité? Sûrement pas.

D'abord, parce qu'on avait appris que «toute autorité
vient de Dieu». C'est vrai; mais ça risque d'être utilisé
d'étranges façons.

Ensuite, parce qu'elle était la pierre d'angle de la
structure familiale. Aussi, parce qu'elle régissait l'ordre
social, fortement influencé par le contexte religieux où
l'autorité était sacrée. Pas question de la mettre en question: l'autorité, c'était la nécessaire affiliation à la vie.

C'est pour cela que les personnes en autorité
n'avaient jamais besoin de fonder leurs ordres: elles pouvaient commander au nom de l'autorité. «Tu vas faire
cela parce que je te le dis», pouvait commander le père.
Pas besoin de comprendre. Pas question de discuter.
Refuser l'autorité, c'était refuser l'ordre établi, le plan de
Dieu, ses représentants et tout le reste. Pour plus de sécurité, mieux valait se taire.

On a donc appris à obéir sans compréhension de
son adhésion. On a fait ce qu'on nous disait de faire

parce qu'on nous disait de le faire. Et pour que l'argumentation d'autorité ne subisse pas de contradiction, on la protégeait par des sentences sévères: il en coûtait cher de ne pas obéir. À la limite, c'était le péché mortel. Comme il signifiait la peine éternelle, la punition ajoutait au respect de l'autorité. Car plus l'autorité avait le pouvoir de punir, plus elle invitait au respect.

Et la « valeur » autorité?

L'autorité qui implique le service aux autres, la responsabilité du chef, l'acceptation de la dépendance, la relation de participation, le respect d'une charge, la conscience d'une mission, le trouble de la décision, l'inquiétude de l'erreur, la distance acceptée, le pouvoir transmis, l'assistance au petit, et tout le reste?

La « valeur » autorité, peu connue, était cachée par le principe qu'on ne discute pas. Elle était là, riche de toutes ses possibilités. Mais on ne l'a pas connue parce qu'on ne lui a pas permis de se montrer.

Quand le contexte change, on ne peut répéter les mêmes gestes croyant atteindre la même valeur: elle n'est plus là. Pire encore, on ne sait pas où elle est. Les uns cherchent la valeur qu'ils doivent maintenant redéfinir; les autres, avec leurs yeux d'hier, analysent les gestes d'aujourd'hui. On ne peut s'entendre.

Un exemple. Lors de la venue du pape Jean-Paul II aux États-Unis, une religieuse américaine s'est adressée au Saint-Père au nom de ses consœurs, lors de la messe qu'il célébrait à la cathédrale de Washington. C'était une femme que l'on appelle « en autorité » : sœur Theresa Kane est supérieure des Sisters of Mercy of the Union. Elle occupe en plus la fonction de présidente de la Leadership Conference of Women Religious, organisme officiellement reconnu par le Vatican. Sœur Theresa Kane a donc une notion pratique de l'autorité dans l'Église.

Que demande-t-elle au Saint-Père? L'accès des femmes à tous les ministères de l'Église, incluant le sacerdoce. Pourquoi? « Je vous demande avec insistance, dit-elle, de reprendre en considération la souffrance et les peines de beaucoup de femmes américaines et d'écouter avec compassion les revendications des femmes qui représentent la moitié de l'humanité...» C'était dit avec humilité et fermeté, «avec un sens profond de fidélité à notre Église», déclarait-elle plus tard. Jean-Paul II n'a semblé apprécier ni le geste ni les paroles de la religieuse.

Quelques jours plus tard, d'autres religieuses réagirent publiquement: les Sisters of St. Francis payèrent une annonce publicitaire, dans un journal de Chicago, pour faire des excuses au Pape et se dissocier de celle qui l'aurait insulté en lui faisant une demande audacieuse.

Deux notions d'autorité. Une première qui invite celui qui obéit à participer à l'autorité du supérieur. Une autre qui oblige celui qui obéit à se taire devant le supérieur. La notion d'hier, celle de l'obéissance qui se tait devant l'autorité, ne se discute pas, elle ne se réfère pas à une valeur: par principe, on n'interroge pas un supérieur, on ne lui demande que ce qu'il a décidé d'offrir, on ne partage pas sa charge. La notion d'aujourd'hui se réfère au partage de responsabilité, au service de l'autorité, à la réflexion nécessaire à toute prise de position, à la justice et à l'égalité, au respect de tout le monde, etc. La notion d'aujourd'hui se réfère à une valeur; celle d'hier, à un principe. Et les deux notions se côtoient encore dans le monde d'aujourd'hui. Il y a donc conflit.

Hier, on n'a pas voulu «raisonner» l'autorité parce qu'on définissait comme un manque de respect envers un principe ce qui l'interrogeait. L'autorité comportait nécessairement un ensemble de valeurs, mais les éléments attachants de ces valeurs sont demeurés cachés derrière de nombreux principes qui couvraient l'autorité, qui l'habillaient de multiples façons. On a donc connu toutes les facettes et tous les costumes de l'autorité; mais pas ce qu'elle était profondément.

Parler de bouleversement de la valeur autorité, c'est peut-être trop dire. On veut simplement fonder le principe sur une valeur.

Malheureusement, on ne peut encore accepter une autorité pour la valeur qu'elle représente parce qu'on ne connaît pas vraiment ce qu'elle contient, ce qu'elle cache. Alors, d'une part, on refuse de toutes ses forces une autorité qui se défend par des principes; et, d'autre part, on ne sait pas très bien à quoi référer une valeur gênante. Les crises d'anarchie que traversent bien des jeunes s'expliquent ainsi: on sait ce qu'on refuse mais pas ce qu'on veut. La valeur d'hier n'était pas profondément identifiée; celle d'aujourd'hui ne peut être qu'inconnue.

Bouleversement des valeurs? Mais non, tentative de référence.

Le mariage

Le mariage s'insère dans les contes de tous les temps comme l'aboutissement normal des plus belles histoires d'amour. Parce que dans les histoires d'amour, on se marie toujours par amour.

Chez nos parents, on se mariait aussi par amour. Et ceux qui n'aimaient pas ou qui ne voulaient pas se marier avaient toutes les possibilités de rester vieilles filles ou vieux garçons.

Mais le mariage n'est pas qu'une relation entre deux personnes qui partagent une partie de leur vie: c'est aussi une institution sociale et religieuse.

Au plan institutionnel, le mariage a ses particularités. D'abord, il est un lieu normal, le lieu le plus normal de l'affection. En dehors du mariage, l'amour perdait sa réputation. Alors, la vie en société, avec ses fêtes, ses réunions, ses exigences et ses joies, se construisait par et pour les gens mariés. Pas surprenant que les célibataires fussent mal intégrés: ils ne pouvaient que difficilement se mêler à la vie et s'épanouir socialement.

Donc, il valait mieux se marier, c'est-à-dire former un couple officiel qui est passé devant le curé, faire des enfants, construire un foyer et se mouler dans la stabilité. Le mariage était à la base de la normalité.

À l'institution sociale, les foyers chrétiens ont ajouté la grâce du sacrement, la dimension spirituelle de l'amour, la fidélité à la Providence et l'accomplissement du projet divin. Mais avouons que le mariage n'est pas toujours perçu comme un sacrement que l'on cherche pour sa grâce: il est d'abord considéré comme un statut social, le statut le plus normal, garant de la normalité.

Chez tous ces couples qui acceptaient les cheminements de la normalité, plusieurs intuitionnaient peut-être la valeur de l'échange dans le don total, la valeur du projet de vie à deux, de la rencontre intime, de l'amour fécond, de l'épanouissement charnel, de l'aventure commune, de l'accomplissement individuel favorisé par l'autre. Peut-être, un peu. Mais on n'avait pas l'habitude d'interroger les institutions. Comme le mariage représentait la plus commune, la plus normale, la plus répandue et la plus fondamentale des institutions, on n'allait sûrement pas l'interroger. On ne se mariait pas pour atteindre une pléiade de valeurs; on se mariait pour atteindre la normalité.

Il n'y a là rien de mauvais: le mariage cachait alors ses éléments les plus beaux, les enveloppait dans le silence, les taisait dans l'unanimité sociale environnante.

Un jour, arrive, avec la séduction de la télévision ou du cinéma, une autre image du mariage.

On a subitement l'image d'amours bien différentes, de rencontres d'une autre espèce, de façons d'aimer toutes autres. On cherche la norme et l'unanimité: elles n'existent plus. Le mariage que l'on connaît perd son auréole d'absolu. On ne l'avait pas interrogé: on a du mal à l'identifier et à le définir. On essaie de se référer à l'image d'autrefois. Mais on ne trouve parfois qu'une image de convention sociale appartenant à un cadre et à un contexte qui n'existent plus.

L'amour d'aujourd'hui trahit-il celui d'autrefois? Le mariage d'aujourd'hui refuse-t-il les valeurs d'autrefois? Peut-être. Parce que l'amour d'aujourd'hui ne peut capter dans l'institution sociale d'hier ce qu'il lui faut pour subsister. Il ne trouve pas de correspondance. Les valeurs amoureuses d'aujourd'hui ne sont pas changées: elles cherchent tout simplement un fondement au-delà des convenances et des institutions. Elles ne l'ont pas trouvé. C'est pour cela qu'elles sont fragiles ou paraissent l'être.

Il ne faut donc pas s'imaginer que la «valeur» mariage est transformée. C'est plutôt le mariage qui veut s'identifier. Le mariage d'hier tenait sa beauté dans son institution, il s'enveloppait de principes sociaux et religieux. Celui d'aujourd'hui n'a que l'amour, sans bien peu de support: il n'a rien à voir avec la normalité, avec l'obligation, avec la pression. Et il n'a pas l'habitude: la valeur se cherche une référence à la vie.

Conséquences

On pourrait ainsi choisir plusieurs valeurs de la société québécoise, se rendre compte qu'elles apparaissent comme des références nouvelles. On se rendrait compte que l'on a pu abuser des mots, appelant «valeur» ce qui était parfois coutume, attitude et comportement. Le principe est bon, cela va de soi. Mais toute sa richesse lui vient de sa référence, ses qualités lui viennent d'un autre. Notre société a beaucoup vécu de principes, même quand elle disait se nourrir de valeurs.

On admirait, hier, celui «qui a des principes»: c'était tout dire, ou, tout au moins, dire ce qu'il y avait de plus rassurant. Car le compliment signifiait quelqu'un qui se conduit bien, qui respecte les convenances sociales, qui demeure fidèle aux habitudes et traditions reconnues, qui «ne se déplace pas», qui correspond aux normes religieuses, bref, qui manifeste tous les comportements que l'on souhaite.

Nécessairement, on retrouvait les mêmes références au plan de la morale. Il s'en suivait que le système moral héritait de toutes les qualités et de toutes les déficiences des principes. Il engendrait des attitudes; mais en référence à l'extérieur. On n'utilisait pas la référence à la valeur elle-même. L'éducation aux attitudes et aux comportements devait alors trouver appui sur des bases fragiles.

Par exemple; les premières attitudes de comportement moral qu'une maman enseignait à son enfant s'appuyaient sur quoi? «Faire plaisir à maman, ne pas faire de peine au petit Jésus, ne pas être puni», etc. Des fondements qui peuvent engendrer l'attitude désirée, mais pour des raisons qui n'ont rien à voir avec une certaine valeur. À un point tel qu'un enfant pouvait se sentir le droit de poser tous les gestes «immoraux» qu'il voulait s'il s'assurait d'abord que sa mère ne le saurait pas, que le petit Jésus ne pleurerait pas, qu'il trouverait le moyen d'éviter la punition, etc. Il ne trouvait pas de motivation inhérente au geste: tous ces appuis lui venaient de l'extérieur.

Pire que cela: on lui disait des faussetés. La maman ne pleurait pas de la désobéissance de son petit. Quant à la notion de Dieu que l'on transmettait, elle souffrait de tous les maux: on utilisait Dieu pour se faire obéir; et on donnait de lui une image fausse, déformée, que toute personne raisonnable devait bien refuser un jour.

Ajoutons à cela tous les fondements encore plus futiles: «Tu vas faire ça parce que je te le dis, parce que c'est moi qui commande, parce que tes frères et tes sœurs ont été élevés comme ça et toi, tu vas faire comme eux...» Ou encore: «Tu ne feras pas ça parce que ça ne se fait pas... Une jeune fille ne fait pas des choses comme ça... Tu rentres à dix heures parce qu'on ne veut pas être réveillés...» Ou même: «Tu vas venir à la messe parce que moi, j'y crois...»

Cherchez la relation avec la vérité, avec la franchise, avec l'honnêteté, avec l'épanouissement personnel, avec le respect des autres, avec la justice ou avec l'amour. Aucune dimension sociale, altruiste: les principes ne servent qu'aux individus et n'ont pas besoin de relation intérieure.

Une telle éducation, que l'on croit très morale, engendre pourtant une génération «amorale», c'est-à-dire sans référence à un système de valeurs.

La morale se construit en rapport avec un système intégré dans la société. Elle représente un certain nombre de valeurs avec les moyens nécessaires à leur obtention. Elle s'insère dans un contexte social et parfois religieux. Elle suppose que l'individu qui s'y réfère a le souci de parvenir à sa propre personnalisation. Il faut qu'il trouve, dans une valeur ou dans un ensemble de valeurs et de moyens, une facette de son épanouissement. Il va donc au fond de lui; et il doit se rendre au fond de la valeur pour y trouver une motivation de participation.

S'il agit pour des principes vides, s'il adopte des comportements totalement extérieurs, s'il trouve sa motivation dans une référence superficielle, il ne peut atteindre une conviction profonde et durable. S'il ne connaît que des attitudes de surface, il en variera selon les milieux et subira toutes les influences des situations.

On trouve donc aujourd'hui bien des «amoraux», c'est-à-dire des gens qui ne se réfèrent à aucun système de valeurs parce qu'on ne leur en a jamais présenté, des gens qui ajustent socialement et individuellement leurs attitudes selon les couleurs du milieu ou selon les humeurs de leur personne. Ces gens «amoraux» ont pu recevoir une très forte éducation de principes; ils ont appris tout ce qui se fait et tout ce qui ne se fait pas. Mais on ne leur a pas appris les pourquoi; ils ne savent pas les trouver.

Parallèlement à eux, il y a ces gens que l'on appellera «moraux», qui ont découvert un ensemble de valeurs qu'ils intègrent dans leur vie, auxquelles ils se réfèrent avec la conscience lucide de parvenir ainsi à leur épanouissement individuel et collectif. Ils se sont donné une définition de la vérité, du respect, de la justice et de la fidélité. Ils vivent en relation avec un système qu'ils peuvent parfois oublier mais auquel ils s'efforcent de revenir.

En société, les gens qui adhèrent au système de valeurs de la majorité sont considérés comme «moraux». Et ceux qui se lient à un autre système, ou qui préfèrent d'autres moyens pour parvenir aux mêmes valeurs, ceux-là sont perçus comme «immoraux». C'est-à-dire qu'ils se distinguent de la majorité en refusant l'autorité de la morale la plus répandue.

Ce qui signifie que dans une société pluraliste, où diverses traditions ou diverses idéologies se côtoient ou même s'affrontent, bien des gens se considèrent «moraux» en taxant les autres d'être «immoraux». En fait, ils sont tous «immoraux» les uns par rapport aux autres : ils se réfèrent tous à des systèmes mais sans convergence. Les valeurs ne se rencontrent plus.

La moralité prépondérante

Quel que soit le nom qu'on leur donne, un certain nombre de valeurs s'imposent à toute société. Valeurs, principes, traditions : tout cela contribue à l'identification d'un monde choisi.

En Occident, au sein de la culture chrétienne, il va de soi que la morale de l'Église a influencé tout l'agir humain. À un point tel qu'il est devenu parfois difficile de discerner un élément de morale humaine sous le manteau de la morale religieuse. On n'avait pas besoin de la référence humaine pour fonder un précepte : la référence religieuse s'imposait avec beaucoup plus de force et de conviction, avec plus de pouvoir de persuasion que tout le reste. Le fondement, c'était Dieu ; ou son contraire, le péché. Une action faisait plaisir à Dieu ; une autre était un péché. Dieu représentait le bonheur infini. Et le péché signifiait l'enfer, avec la peine infinie. Il faut admettre que l'enfer a joué un grand rôle dans la morale chrétienne.

Il va de soi que cette morale chrétienne reconnaît, fondamentalement, l'épanouissement émanant des vertus et qu'elle supporte et fonde l'ensemble des valeurs humaines. C'est théologiquement vrai.

Mais l'enseignement d'une morale religieuse ne s'est pas toujours embarrassé de fondements théologiques. Dans le christianisme, la relation à l'Évangile n'est pas toujours évidente. Et la transmission quotidienne de cette morale a souvent pris des raccourcis pour rapidement et efficacement parvenir au résultat désiré. Ce qui signifie, pratiquement, qu'on a, ainsi, souvent eu tendance à enseigner un comportement que l'on impose davantage par sa conséquence, le péché, que par son fondement, la valeur. Au point qu'on a pu totalement oublier ou même fausser profondément la valeur poursuivie à cause de la sentence qui suit.

Revenons à notre exemple de l'abstinence du vendredi.

Au départ, il n'était pas nécessaire de convier les premiers chrétiens à la pénitence : ils y étaient sensibilisés. Parce qu'ils étaient attachés à la personne de Jésus, parce qu'ils étaient convaincus de la Pâque et de son mystère, de la mort nécessaire à la résurrection, parce qu'ils se sentaient bien imparfaits pour s'approcher de Dieu, parce qu'ils étaient prêts à souffrir avec le Christ pour s'identifier à lui, la pénitence faisait partie de leur vie.

Mais un jour, vers 325, à la suite de la conversion de l'empereur Constantin, le christianisme est devenu religion d'État de l'empire romain. Les chrétiens n'étaient plus seulement ceux qui avaient choisi la personne et la parole de Jésus : ils étaient aussi ceux qui voulaient vivre en conformité avec la volonté du conquérant, du gouvernant, du plus puissant. Rapidement, le christianisme a connu bien des fidèles qui ne connaissaient de l'Église qu'un appareil extérieur. On avait perdu le sens de l'identification. Il fallait maintenant des chrétiens obéissants à un code rigide et défini.

Plutôt que d'enseigner la «valeur» pénitence, on s'est mis à enseigner la punition guettant celui qui ne fait pas pénitence. Il faut admettre qu'imposer un péché mortel à quelqu'un qui mange une bouchée de viande le vendredi, lui attribuant la même peine qu'à celui qui renie Dieu et tous ses saints, c'est prendre le moyen facile : ainsi, on est sûr d'être obéi. Plutôt que d'enseigner que la vie du chrétien doit s'identifier à celle du Christ, que le Christ a choisi la souffrance pour amorcer son grand mouvement de Pâques ; plutôt que d'expliquer : «Si le grain de blé ne meurt...», plutôt que d'inviter à mourir à soi-même volontairement pour ainsi être enseveli et ressusciter avec le Christ ; plutôt que d'inviter à la valeur pénitence qui fait accepter la souffrance pour parvenir à un bien supérieur, on a parlé de «l'impénitence».

On l'a dit: comme l'enseignement à la valeur ne se fait pas facilement, on risque toujours d'aller au plus court et d'imposer le châtiment aux désobéissants.

On insiste sur les conséquences du geste, on en circonscrit les limites, les règles et les interprétations, on fouille l'attitude et on explique la peine. Mais la «valeur» pénitence, on l'a oubliée.

L'accent mis sur le geste, l'attitude, le comportement ou le principe, a donc caché la valeur réelle, originale, qui se trouvait à la base de la pénitence. Comme les plus habiles connaissent les voies d'évitement devant les principes gênants, ils peuvent les appliquer en les vidant de leur sens. Ils peuvent même défigurer, fausser, plus ou moins consciemment, une valeur qui devient ainsi méprisable. Ainsi, le «pratiquant» habile et riche qui mange son homard le vendredi: il vide, il fausse, il méprise une valeur qu'il fait semblant de respecter.

Tous les gens qui s'aiment acceptent une participation à la vie de l'autre; ils se donnent l'un à l'autre «pour le meilleur et pour le pire», sachant que les deux pourront se suivre ou se côtoyer: leur vie commune comprendra une part de pénitence. Mais la souffrance de l'autre apparaît comme une nécessité de l'union totale de leur vie. C'est une règle de l'amour et on n'y échappe pas, à moins de cesser d'aimer. Pourtant, la valeur du partage de la souffrance, qui est la «valeur» pénitence, a perdu sa résonance amoureuse. La pénitence n'est devenue qu'un geste d'obligation, qu'on accomplit par crainte ou par compensation pour obtenir un pardon. On fait pénitence par sacrifice, parfois par masochisme, comme si la souffrance ne parvenait plus qu'à nous protéger du mal.

Si la pénitence s'exprime par un comportement qui n'est pas relié à l'amour, la pénitence n'est plus une valeur. Il ne faut donc pas parler de la transformation de la pénitence si cette valeur n'existait pas en tant que telle. Il pouvait y avoir des gestes imitant la pénitence, mais sans valeur. Résultat: la fausseté des gestes a déçu des gens, elle a engendré une espèce de mépris, non pas de la valeur mais du geste qui l'a trahie.

Ainsi, des hommes et des femmes s'unissent et vivent une souffrance commune. Ils ne veulent pas qu'on leur parle de pénitence parce qu'ils méprisent les gestes. Ils craignent même que leur amour se vide par la souffrance. Ils donnent un sens à leur amour qui rejoint l'essentiel de la participation à la pénitence. Mais ils refusent qu'on leur parle de souffrance. Car maintenant, ils veulent directement se référer à la valeur, ils veulent inventer leurs gestes pour l'exprimer, ils ne veulent pas répéter des gestes imposés.

Aujourd'hui, certains cherchent une référence à une valeur avant de poser un geste. Pas tout le monde, pas toujours, pas partout. Mais de plus en plus, on en trouve. Et ça, c'est nouveau, c'est à se faire.

Quelles valeurs?

Il ne faudrait pas croire que les générations qui nous ont précédés n'ont jamais connu de valeurs : elles savaient ce qu'étaient l'honneur et le courage, la fidélité et la persévérance, souvent bien mieux que nous. La différence, c'est que l'éducation ne se référait pas aux qualités intrinsèques de la valeur mais davantage au principe qui l'enveloppait.

Mais quelles valeurs peuvent séduire à un point tel qu'elles seront comprises et désirées pour elles-mêmes ? Quelles valeurs peuvent paraître et spontanément engendrer le désir de participation ? Et surtout, quelles valeurs peuvent se présenter dans un ensemble capable de susciter un épanouissement global, respectant la totalité de la personne, ses attentes et ses besoins, la conduisant à une personnalisation plus certaine que ne pouvaient le faire les principes d'hier ?

On parle de valeurs nouvelles, plus appétissantes ou plus stimulantes; on parle de libération, par exemple, comme fondement de toute personnalisation autonome.

On parle de toutes ces valeurs cachées, comme la liberté d'expression ou l'accès à la culture, qui apparaissent au grand jour et qu'on semblait complètement ignorer il y a peu de temps. C'est peut-être avec ces valeurs que l'on dit nouvelles qu'il serait possible d'établir de véritables références.

Peut-être. Mais il se trouve une autre difficulté : la multiplicité des valeurs n'engendre pas automatiquement une plus grande connaissance de la personne. Celle qui ne se connaît pas ou qui se connaît mal, qui doit elle-même faire le choix de ses références, risque de ne parvenir que très lentement à un choix respectueux d'elle-même. Elle doit faire elle-même son éducation aux valeurs parce que personne n'a su ou ne sait encore lui transmettre cette éducation qui dépasse les principes pour atteindre la profondeur des choses. L'éducation aux valeurs, même avec une préoccupation des valeurs, n'est pas besogne facile.

Un jour, chez des amis, à la campagne, on discute de la nécessité et de la difficulté d'une éducation aux valeurs qui dépasse attitudes et comportements. Pour les parents, cette transmission de valeurs apparaît essentielle ; mais concrètement, dans le quotidien trop exigeant, ils ne voient pas la possibilité de l'appliquer. Parce que la vie les bouscule, parce que les théories trouvent rarement des solutions pratiques, parce que les événements les servent mal, parce que rien ne se déroule comme on avait prévu, etc. Tout cela pour prouver que les théories ne servent qu'aux intellectuels et aux spécialistes, surtout à ceux qui n'ont pas d'enfants. Il est toujours difficile, quand on est célibataire, de se défendre contre une argumentation comme celle-là...

Quand soudain, un enfant, d'environ 14 ans, entre à la maison avec deux épis de maïs. Sa mère lui demande d'où il vient avec ces épis. Il répond qu'il les a pris près de la maison, sur un terrain voisin où il y en avait beaucoup, bien plus que le voisin pouvait manger, etc. La mère lui dit alors : «Ce n'est pas gentil, ce que tu as fait là... Je ne suis pas du tout contente de toi...»

Ce n'est pas gentil, d'accord. Mais c'est bien davantage: c'est un vol! Que l'on s'empare de deux épis, de deux dollars, de deux arpents de terre ou de quoi que ce soit, c'est toujours un vol. Il n'y a que la quantité qui varie. D'ailleurs, elle a tendance à croître avec les années: c'est la même injustice qui grandit.

Pas moyen d'éduquer aux valeurs? De faire des références aux valeurs?

On vient de rater l'occasion de faire réfléchir sur l'honnêteté, sur le respect du bien de l'autre, sur le sens de la propriété, sur la gravité inhérente à tout vol, sur l'application de la justice. On est en pleine action, en pleine situation, en pleine vie. La valeur est là qui s'offre: on a préféré se limiter à un comportement, en s'appuyant sur un fondement fragile.

La référence aux valeurs ne se fait pas parce que les parents n'ont pas appris le «système de référence». Autrefois, de leur temps, on connaissait le principe: on ne commettait pas de vol. Celui qui manquait au principe payait cher pour son geste. Aujourd'hui, à l'heure des principes mis en cause, on ne sait pas très bien comment faire découvrir la richesse de l'honnêteté, de la vérité, de la justice.

Ce n'est pas l'absence de valeurs qui crée la situation nouvelle: c'est plutôt un effort de relation aux valeurs qui peuvent servir à l'épanouissement normal, logique, respectueux de telle ou telle personne. C'est la capacité d'unité. C'est la conscience de la personnalité ou de la personnalisation à faire.

La tolérance obligatoire [1]

Certaines qualités, ou même vertus, se développent malgré elles. Jusqu'à ce qu'elles développent elles-mêmes leur contraire. Le plus bel exemple en sera sûrement la tolérance, cette valeur mal connue que l'on

---

1. La quatrième partie porte tout entière sur la tolérance. Ici, on ne fait qu'une incidence.

prêche à temps et à contretemps, jusqu'aux limites de l'intolérance.

Les principes qui fondaient, autrefois, l'agir collectif et individuel de la société québécoise lui donnaient une image d'unanimité. Mais plus que cela: les principes, sans référence aux valeurs, engendraient aussi une unanimité de pensée. Sans vraiment se demander pourquoi, tout le monde, ou presque, pensait la même chose.

Il est normal que certains principes religieux aient participé à cette unanimité spontanée. L'assentiment religieux de la majorité, le contexte religieux qui fondait la morale, le cadre social religieux qui marquait le comportement des personnes, tout cela créait l'habitude de l'unanimité. Certains se protégeaient contre la tentation de l'originalité ou de la personnalité trop forte pour ne pas se voir rejeter par une majorité qui intégrait mal, en elle, la dissidence.

Mais aussi, l'isolement géographique et sociologique des Québécois les empêchait de participer à la vie des groupes divers, au plan du réfléchir et de la pensée. On pourra voir, plus loin, l'influence des mass media sur l'ouverture d'esprit des individus même les plus isolés et les plus fermés. Mais reconnaissons tout de suite que le Canadien français se mêlait difficilement au Canadien anglais, qu'il se déplaçait aux États-Unis pour se retrouver en milieu connu, à Old Orchard, à Atlantic City ou même à Miami, n'abandonnant rien de ce qui l'unit au contexte sécurisant de l'unanimité congénitale. Car il n'y a rien de plus sécurisant que l'unanimité.

Conséquemment, il n'y a donc rien de plus troublant que la dissidence exprimée, rien de plus inquiétant qu'une pensée contraire.

La référence aux valeurs permet l'échange de pensée. Mais la référence aux principes ne supporte pas la discussion parce que, par principe, on ne doit pas discuter des principes... On ne met pas en doute un dogme qui nous est présenté comme la pierre d'angle de la foi ou le précepte dont la négation conduit en enfer. On accepte tout avec la majorité.

Quand, par exemple, Maurice Duplessis, en 1946, a fait voter une loi condamnant les Témoins de Jéhovah, il savait que le peuple l'appuierait: l'unanimité se fait encore mieux quand elle devient le combat des chefs. Car à ce moment-là, l'intolérance prend le nom de «défense de valeurs supérieures», de «respect de la majorité» ou même de «protection des droits démocratiques».

Pourtant, cette attitude collective nous influençait individuellement: elle empêchait que se produise un échange des valeurs.

L'autorité des pouvoirs religieux et civil se réflétait nécessairement sur la famille, puisque «toute autorité vient de Dieu». Les principes étaient les mêmes et la loi s'identifiait aux principes.

Ce n'est pas par hasard que l'on invitait toujours ensemble «les autorités civiles et religieuses» à tout ce qui s'appelait célébration, festivité, événement: tout devait se dérouler en conformité avec «l'autorité», incarnée dans des personnes et des institutions, figée dans des principes. C'est ainsi, également qu'on octroyait des titres impressionnants aux personnes en autorité: «Le très honorable..., Sa Grandeur..., Son Honneur...». Rien de mieux, pour protéger un principe, que de bien le couvrir de gloire. Il fallait donc conserver tout son prestige à l'autorité qui fondait le principe primordial de l'ordre établi, de la communauté stable. On comprend que, dans un tel contexte, la politique québécoise ait su tirer profit de l'autorité de l'Église. Et l'autorité de l'Église a bien su utiliser l'autorité de l'État.

De part et d'autre, on se référait à des principes. La référence aux valeurs demeurait exceptionnelle.

Le père Georges-Henri Lévesque s'était appliqué, à l'Université Laval et dans la revue *Ensemble*, à présenter de nouvelles réflexions sur nos institutions. Il avait quelques disciples. Mais l'influence du groupe était sans cesse contrée par des «gens en autorité»: ils ne toléraient pas la remise en question.

En 1958, les abbés Gérard Dion et Louis O'Neill donnent un grand coup d'audace: ils publient un petit livre destiné uniquement aux prêtres mais qui a tôt fait de devenir le sujet de conversation de tout le monde. Leurs mots choquent: «Mensonge érigé en système... Emploi de mythes... Slogan anticommuniste... Méthodes frauduleuses... Utilisation de la religion... etc.» Selon Robert Rumilly, «Anatole Vanier exprime..., dans une lettre au cardinal Léger, son inquiétude de catholique devant les tendances du *Devoir* (qui avait appuyé Dion et O'Neill en éditorial) et la publication du mémoire de deux théologiens «qui ne paraissent pas avoir été constamment en contact avec l'Esprit-Saint[2]».

On craint que s'effrite l'autorité et tout le respect qu'on lui doit. Ce qu'il faut, c'est redire et refaire le lien entre l'autorité des hommes et le pouvoir divin à l'aide d'un principe inattaquable. Mais Dion et O'Neill mettaient en doute le principe lui-même, ils se référaient à la «valeur» autorité qui ne peut représenter le pouvoir ou le droit qu'en relation avec la vérité, la justice et l'honnêteté.

Les deux hommes ont eu une influence énorme au Québec. Non seulement parce qu'ils dénonçaient des mœurs politiques affligeantes mais surtout parce qu'ils obligeaient les Québécois à réfléchir sur des principes établis et même à les mettre profondément en doute. C'est pourquoi une grande proportion de catholiques bien-pensants furent scandalisés par l'impertinence de ces jeunes pamphlétaires qui critiquaient publiquement l'autorité établie. C'était une réaction propre à l'époque. Aujourd'hui, on se dit que si Dion et O'Neill n'avaient pas offert une réflexion valable et nouvelle, précédant la réforme des institutions des années '60, les transformations inévitables qui ont suivi auraient pu être bien plus radicales.

Si l'autorité divine servait aux dirigeants politiques, elle servait aussi aux pères de famille ou même aux bonnes mamans qui utilisaient les mêmes méthodes de gouvernement.

À première vue, les conséquences paraissaient anodines: on ne peut faire de juste comparaison entre

---

2. *Maurice Duplessis et son temps*. Fides, tome 2, p. 569.

la cellule familiale et la structure de l'Etat. Mais, par ailleurs, la famille représente le premier lieu de transmission des valeurs. Si l'on y transmet les schèmes de pensée des institutions, la famille reproduira infailliblement les normes de convenance traditionnelle, c'est-à-dire celles que l'on retrouve dans les structures civiles ou religieuses.

L'autorité paternelle ne se discute pas pour deux raisons : d'abord, parce que, comme ses modèles, elle vient de Dieu ; ensuite, parce qu'elle se réfère aux mêmes principes que ses modèles. « On ne répond pas à son père... Tu feras ça parce que je te dis de le faire... Écoute-moi, si tu ne veux pas être puni... Désobéir, c'est faire de la peine à maman, au petit Jésus... c'est faire un péché... Un enfant bien élevé ne répond pas à son père...» Elles sont nombreuses les variantes qui expriment toujours la même réalité : la discussion est inacceptable. Pourquoi ? À cause du principe qui dit que l'autorité ne se discute pas.

Un jour, nécessairement, il a bien fallu que quelqu'un commence à dire : « À cause du respect que j'ai pour l'autorité, je voudrais savoir les composantes de cette autorité, connaître les assises de ce pouvoir, l'extension de son droit. Je voudrais comprendre l'autorité. »

Cela, pas seulement pour l'autorité. Également pour une foule de valeurs, une interrogation s'est posée, une mise en question s'est préparée. Pas par révolte, ni orgueil, ni désir de tout bouleverser. Non. Mais pour deux raisons.

La première, c'est que l'homme qui cherche pose des questions jusqu'à ce qu'il entende une réponse qui lui convienne. Il veut savoir « pour lui ». La seconde raison, on la trouve dans l'ensemble des valeurs nouvellement mises en lumière qui ont mis en veilleuse des valeurs d'autrefois, qu'on n'avait jamais bien comprises. Comme on n'avait pas l'habitude de juger, d'apprécier et d'analyser une valeur, de nouvelles valeurs, plus séduisantes que celles d'hier, ont pris la vedette. Et c'est ce qui a produit ce qu'on a appelé « le bouleversement des valeurs » au Québec. En fait, on ne devrait parler que de nouvelle conscience, de nouveau choix, de réflexion nouvelle sur des valeurs multiples auxquelles chacun veut se référer pour un jour s'y identifier.

Il ne faut pas croire, cependant, que ce problème trouve sa solution dans la multiplicité des valeurs. Le nombre ne peut, à lui seul, engendrer de nouvelles possibilités. On peut s'entourer de personnes sans savoir établir de relation avec elles, vivre au milieu de valeurs exceptionnelles et ne savoir se référer à aucune d'elles. Surtout quand on n'a jamais appris à le faire.

Un essai de référence

Depuis quelques années, par réaction à l'époque des principes incompris, on cherche les valeurs qui motivent plus fondamentalement l'agir individuel. On refuse l'autorité de la tradition et l'argument d'autorité; on s'attache aux valeurs qui paraissent les plus épanouissantes, et qui expriment le plus le changement, la nouveauté. L'heure est à la découverte et donc, au transitoire, au passionnel, à l'instable.

Cette attitude a ses conséquences: on peut en retenir quelques-unes.

Pensons à la mode de l'anti-conformisme, avec tout ce que l'expression contient de paradoxal. Le besoin d'affirmation libérée des schèmes traditionnels est apparu comme une condition de survie. On a accusé les années passées de tous les crimes et ses principaux personnages ont pris figures de coupables. Les hommes politiques et les hommes d'Église ont porté la plus grande partie du blâme. Et le monde qu'ils avaient influencé a pris l'apparence de copies semblables, toutes conformes les unes aux autres. Il fallait à tout prix se libérer de la « conformité ».

Le conformisme ne s'identifiait pas: on ne le nommait pas. Mais il faisait nécessairement partie de cette société unanime comme identification sociale implicite. Se conformer, disait Pierre Valéry, c'est « être en règle avec les lois, respectueux des coutumes, de la religion, de l'opinion et des opinions ». Vraiment le portrait de la génération qui a précédé celle d'aujourd'hui, un portrait qu'une nouvelle génération refuse pour elle-même.

Mais l'anti-conformisme n'est qu'un autre conformisme. Avec ses nouvelles lois, ses nouvelles traditions, sa nouvelle religion. Pourtant, pour plusieurs, l'important se trouvait dans la plus grande libération possible du conformisme d'antan.

Si, pour quelqu'un, la religion fait partie du conformisme, il sent qu'il doit s'en libérer. Mais avec elle, il risque d'emporter les seules références morales qu'il avait, la seule sensibilité spirituelle et même les seules convenances sociales qu'il avait apprises. C'est pour cela qu'en quelques années, chez nous, tout le portrait de la société a changé.

Par exemple, la société d'hier jugeait d'un œil sévère l'athée ou même l'anti-clérical : il a fallu beaucoup de courage à bien des croyants pour se permettre de critiquer leur institution religieuse. Aujourd'hui, ceux qui pratiquent leur religion, les pratiquants du dimanche tout au moins, ne s'affirment qu'avec timidité. C'est le renversement total.

Il va de soi que l'opinion de la majorité est devenue un nouveau conformisme, une nouvelle règle, presque un nouveau principe qu'on ne discute pas et auquel on se soumet. On se donne de nouveaux maîtres et on se construit de nouveaux absolus. On accorde une autorité infaillible à des chefs politiques, on accepte les dogmes du syndicalisme, on se permet même le pouvoir de la condamnation. C'est ça, le néo-conformisme. C'est une réaction au conformisme d'autrefois.

Un autre exemple : celui de la langue.

Les Montréalais ont cherché un moyen de définir leur identité sans référence au passé. Ils ont alors inventé le « joual », qui construit l'isolement plus que la communication, qui fait du vulgaire une espèce d'expression personnelle normale et qui limite le langage à un vocabulaire de quelques mots. Instrument déficient, cela va de soi. Pourtant, il a séduit des auteurs, des écrivains, des enseignants, des politiciens et des publicitaires. En réaction contre le langage «correct» d'autrefois, il fallait parler joual. Sinon, on risquait la condamnation du milieu. Comme le milieu se compose souvent de «vedettes» de toutes sortes, le goût de l'identification aux vedettes s'y mêlant, le «joual» est devenu le signe d'une culture, d'un monde. Aujourd'hui, une fois la mode passée, on se dit que le «joual» était un langage bête et méchant. À l'époque, il y a quelques années, il était pourtant le premier conformisme, la première loi d'une nouvelle alliance.

Autre exemple: le vêtement. Certains se sont dits malheureux, au temps du costume obligatoire des collèges ou des couvents. Ils se souviennent de la «libération» temporaire, trop courte, qu'offrait le port occasionnel d'un costume «de ville», les jours de congé. Ils ont souffert du conformisme du complet marine ou des grands bas noirs. Il fallait donc une réaction de libération: si le vêtement sert, entre autres choses, à se singulariser au sein d'un monde anonyme, l'uniforme empêche la personnalisation.

Aujourd'hui, chacun peut choisir son vêtement. Mais chacun choisit le vêtement des autres... C'est vrai que le port des jeans contient un côté pratique; mais c'est aussi vrai que la pression sociale l'emporte sur tout le reste. Le jean est devenu un costume «obligatoirement choisi». Un nouveau conformisme pour remplacer ceux d'autrefois. Avant cela, on avait choisi la mini-jupe, souvent sans référence à quelque touche de beauté ou simplement de goût. Il fallait renverser le conformisme de la jupe trop longue, trop discrète, il fallait trouver une libération du vêtement, il fallait pour cela un autre uniforme, un autre conformisme.

Pourquoi tout cela? Pour se défaire d'autrefois. Les nouveaux conformismes s'expliquent par ceux d'autrefois.

La fidélité aux réalités superficielles engendre les mêmes effets quand elle change d'objet. On ne pouvait pas apprendre spontanément à se référer à des valeurs, on a d'abord tenté de se départir de certains principes.

On prétend souvent, maintenant, se référer à des valeurs. En fait, on invente de nouveaux principes chaque fois qu'on s'abstient de référence.

La référence aux valeurs se construit lentement, petit à petit. À cause du manque d'expérience dans la démarche; à cause du trop grand nombre de valeurs séduisantes; à cause de la difficulté de faire un choix quand on ne connaît rien de ce que cache le choix. Bien des Québécois voudraient se lancer dans une vie de référence à des valeurs originales. Mais ils n'ont pas en main l'instrument nécessaire, c'est-à-dire la capacité prudentielle de juger une situation et d'analyser un bien dans un contexte donné, la certitude d'y trouver son épanouissement et la volonté de poursuivre un projet.

Un dernier exemple pour illustrer la difficulté de faire le passage entre les valeurs d'hier et celles d'aujourd'hui, entre le monde de principe et le monde de référence.

En 1967, l'Exposition internationale de Montréal nous apportait un coup d'air frais, en même temps que le Québec repensait toutes ses structures traditionnelles. Dans une famille semblable à toutes les autres, à Montréal, un père permet à sa fille de 15 ans de se rendre à Terre des Hommes. Mais il lui demande d'être de retour à la maison à 11 heures, parce que les classes ne sont pas terminées, parce qu'elle est encore bien jeune, parce qu'elle est une fille, parce que ses aînées ont toujours respecté un horaire, etc. Bref, une permission s'accompagne du rappel de bien des principes qu'on doit bien accepter.

Mais à dix heures, au moment où il faut bien penser au retour, commence un spectacle de Claude Léveillée. Ils sont des milliers de jeunes à vouloir le voir et l'entendre : Léveillée est une vedette qui exprime ce qu'ils ressentent et ne savent exprimer. Quand Léveillée chante, ils font la découverte de ce qu'ils sont. Après le spectacle, on échange des impressions avec des amis pour s'assurer d'avoir bien compris. Et l'on rencontre des inconnus qui ont vibré au même message. On se parle, on se dit, on s'écoute, on partage, on vit de bonne et douce façon. Et bientôt, il est deux heures du matin...

À la maison, c'est le drame. Le père peste contre sa fille parce qu'elle a désobéi, qu'elle a manqué à sa parole, qu'elle a méprisé ses parents, qu'elle a tout oublié, etc.

La petite, elle, revient avec au cœur la beauté d'une chanson qui lui a dit sa vie. Elle a pu échanger des idées avec des gens qui l'ont écoutée. Elle a ri, pleuré, vibré, frémi. Elle est devenue toute sensible à des valeurs encore inconnues, à elle comme à ses parents. Mais elle ne peut s'expliquer, son père non plus. Entre les deux, le fossé.

D'un côté, des principes qu'on n'a que superficiellement acceptés; de l'autre, des valeurs auxquelles on ne sait se référer. Personne n'est à blâmer. Mais il faut au moins prendre note de l'incompréhension, de l'incommunicabilité.

Des valeurs s'offrent à la société actuelle, nombreuses et séduisantes; plus que jamais elles peuvent ajouter à la vie. Mais quand on a l'habitude de ne rien choisir, on risque fort de mal choisir. On risque de faire un choix qui n'ait pas plus de référence que les principes d'hier.

On ne fait que commencer le discours et la réflexion sur les valeurs. Il faut poursuivre, cela va de soi. Mais il y a encore bien des obstacles pour qu'on parvienne à une certaine sérénité, à une certaine capacité d'épanouissement personnel et social. Il faudra attendre encore un bon moment avant de vivre dans l'attachement à un ensemble de valeurs: le temps d'apprendre à bien s'y référer.

2

LES DEUX CULTURES

Dans le monde d'hier, la culture possédait des lettres de noblesse exceptionnelles. Il n'y avait que la vertu, en certains milieux, pour lui disputer les premiers honneurs. Et même que, souvent, les deux s'identifiaient. C'est-à-dire que les gens dits «cultivés» avaient ordinairement le minimum de vertu nécessaire à l'intégration sociale bourgeoise, tandis que les gens «sans culture» ne connaissaient de la vertu que ce qu'ils devaient admirer chez les autres. La culture, c'était l'apanage des «gens bien».

Si on veut se placer au plan des valeurs, la culture faisait partie essentielle des valeurs bourgeoises.

Culture... Qu'est-ce qu'on signifiait par ce mot?

La culture représentait d'abord un ensemble de connaissances apprises. On était cultivé parce qu'on avait appris un certain nombre de choses. Mais ces choses appartenaient à un certain univers: celui de l'esprit. Car on ne considérait pas comme cultivée une personne qui avait appris tous les rudiments de la mécanique ou tous les aspects d'un sport. La culture faisait référence à des connaissances bien précises.

Ces connaissances, on les trouvait dans certaines maisons d'enseignement. Tout au moins, au départ. Car le cheminement de la personne cultivée était le suivant: cours classique, université, profession libérale. On ne devenait cultivé que dans la fidélité à ce processus établi par des gens cultivés. La culture, c'était donc aussi un mode de vie, un environnement de vie.

Il va de soi que la culture pouvait représenter le privilège d'une infime proportion de la population. Il faut bien des sous pour aller au collège, bien des sous pour atteindre l'université, bien du talent, ou de la chance, pour atteindre le haut niveau des grandes professions. Les gens de la campagne connaissaient bien peu de « gens cultivés ».

Le reste du monde, ouvriers, cultivateurs, commerçants ou spécialistes de tous les métiers, ceux-là composaient les « non-instruits ». Ils étaient légion devant les cultivés. Mais ils avaient le respect de la culture. Ils admiraient ceux « qui savaient ». Et ils se disaient : « Si je peux faire instruire mes enfants, un jour, j'aurai dans la maison quelqu'un de cultivé... » La culture, c'était, pour la grande majorité, un « obscur objet de désir »...

Mais soudain, rapidement, presque du jour au lendemain, apparaît chez nous la télévision. Et avec elle, ce qu'on se mettra à appeler la « culture de masse ». C'est que la télévision envahit tous les foyers. Et elle dit des choses. Des choses jusqu'alors totalement inconnues, même pas soupçonnées. Elle véhicule une foule de connaissances des plus diverses. Elle apprend, elle enseigne, elle se construit un auditoire, une grande classe où les élèves se précipitent pour apprendre presque malgré eux. La télévision, à la suite des autres moyens de communication, mais beaucoup plus fortement que la presse, la radio et le cinéma, transmet une culture nouvelle à tous les « sans-culture ».

Il n'y a donc plus, d'un côté, ceux qui savent tout, et, de l'autre, ceux qui ne savent rien. Il y a, de chaque côté, des gens qui savent des choses différentes, qui semblent parfois contradictoires, et qui créent de drôles de conflits.

Il y a, d'un côté, la culture traditionnelle et ceux qui s'y attachent de toutes leurs forces ; et, de l'autre côté, la culture de masse et la vaste foule de tous ceux qui en vivent d'intense façon.

Si la culture est encore une valeur, pas surprenant qu'il y ait conflit entre la valeur d'hier et celle d'aujourd'hui.

La culture d'hier

Elle est facile à définir, la culture d'hier. Elle se compose de tout ce qu'on a appris dans nos institutions avant la réforme de l'enseignement. Elle est un contenu ; mais aussi, un contexte, un cadre.

Son contenu, c'était tout ce que le monde avait commis dans le passé et qui méritait qu'on lui rende hommage. On découvrait la vie des grands hommes et des grandes œuvres. C'était surtout la littérature française du 17e siècle qui nous parvenait. On apprenait Molière, Racine et Corneille au collège ; et on allait les voir au théâtre. Ainsi, les mêmes gens profitaient des mêmes choses. Le milieu cultivé s'auto-alimentait aux mêmes sources à ses âges divers. La culture d'hier dépendait beaucoup du milieu bourgeois où elle fleurissait.

Car hier, la bourgeoisie existait. C'est-à-dire que l'on pouvait définir des classes de la société, des regroupements de personnes identifiées par une profession et, conséquemment, par une aisance financière qui accordaient bien des privilèges. Pour se permettre certains voyages, il fallait être membre d'une profession libérale ou « en affaires », ce qui signifiait souvent « marchand ». Les hommes d'affaires se retrouvaient dans certains clubs sociaux fermés, qui n'étaient pas toujours ceux des médecins ou des avocats. Mais tous ces gens se retrouvaient à la villa, en voyage ou même dans le lobby des grandes salles de spectacle. L'argent offrait des avantages culturels. Sans l'argent, pas moyen de trouver des rudiments culturels.

Ces rudiments appartenaient à la bourgeoisie, c'est-à-dire à un groupe de personnes favorisées par leurs études, leur famille, leur profession ou leur fortune.

En Europe, la bourgeoisie s'allie d'abord à la famille ; ensuite, à la profession. Chez nous, la bourgeoisie s'est construite autour de quelques professions qui avaient comme caractéristiques des fondements culturels. Donc, les bourgeois étaient des gens cultivés.

Mais aussi, les gens cultivés avaient souvent beaucoup d'argent. Non seulement parce qu'ils étaient médecins ou marchands. Mais également parce que la culture coûtait cher. Il fallait souvent de grands sacrifices de toute une famille pour faire instruire un frère cadet. Il fallait des sous pour s'instruire; après, la culture s'alliait à l'argent.

La culture avait donc une drôle d'image. Elle était tellement exclusive à une classe sociale, celle des bourgeois, qu'elle pouvait engendrer autant l'agressivité que le respect, autant l'envie que le désintéressement. La culture appartenait tellement à un milieu privilégié qu'elle dévalorisait ceux qui en étaient privés.

De plus, la culture s'identifiait à une autre dimension du contexte bourgeois: elle était «religieuse». C'est-à-dire qu'elle trouvait sa source dans des maisons d'enseignement presque exclusivement dirigées par des religieux. Nos grands couvents, nos grands collèges, nos fontaines de culture appartenaient aux prêtres, aux frères et aux sœurs. Ce qui a eu un certain nombre de conséquences graves.

D'abord, il y a eu l'identification de l'Église à la bourgeoisie. Les enseignants appartenaient de droit à la bourgeoisie, tout simplement parce qu'ils lui transmettaient leur culture. La bourgeoisie avait besoin de l'Église pour assurer sa survie culturelle.

Pas surprenant que l'Église ait eu la tentation, et la faiblesse, de s'adapter en certains endroits, aux habitudes bourgeoises. L'Église participait déjà au pouvoir des gouvernants; elle participait également à la vie quotidienne des bourgeois. Elle avait le respect de la culture et de ceux qui la possédaient en exclusivité. Elle était près des petits; mais aussi, sensible à l'influence des puissants.

Il n'y avait pas que cette influence: si le cadre de la culture était religieux, il fallait bien que la culture en soit elle-même fort teintée.

Les professeurs de la culture d'hier étaient, en grande majorité, des religieux. Mais aussi, tous les maîtres à penser, ou presque. Par exemple, étudier la philosophie, au Québec, ne consistait surtout pas à connaître la pensée de plusieurs philosophes sur la vie, ses phénomènes et ses causes: la philosophie entière se résumait à l'étude de saint Thomas. Et tous ceux qui ne pensaient pas comme lui devaient être considérés comme des «adversaires», des penseurs qui ont erré tellement que l'on devait les reconnaître comme des dangers pour la rectitude de la pensée.

Il va de soi que si la philosophie se trouvait dans l'étude d'un seul philosophe, la littérature ne devait se composer que d'auteurs aux thèmes édifiants. Parce qu'il y avait l'Index, il y avait la censure, il y avait la morale.

La morale. Dans un tel contexte de transmission intellectuelle, elle ne pouvait être que religieuse. Les fondements humains n'avaient pas de raison d'être; donc, ils n'existaient pas. La culture d'hier se satisfaisait du contexte religieux pour fixer ses limites.

D'autant plus que les limites morales s'avéraient les plus pratiques. Car une des caractéristiques de la culture d'hier se trouvait souvent dans son inutilité...

On apprenait tout ce qui ne servait pas! À un point tel que le finissant du cours classique qui terminait ses études à 21 ans, avant d'entreprendre des cours universitaires, se trouvait inapte à quelque travail que ce soit. Il avait de la culture, mais... Il connaissait l'histoire de l'antiquité, il avait fait les croisades et construit quelques cathédrales, il avait connu Platon et récité Boileau, il pouvait lire le latin de la messe et trouver le sens des mots difficiles grâce aux racines grecques. Il savait beaucoup de choses, le finissant du cours classique. Mais après quinze ans d'études, il n'avait rien pour travailler. Il était cultivé, mais...

Le jugement est global, trop absolu: c'est vrai que l'on a ainsi appris à réfléchir, que l'on s'est donné une façon de lire et de découvrir, que l'on nous a appris une discipline nécessaire. C'est vrai, surtout, que l'on a donné un sens à aujourd'hui en découvrant le sens d'hier. On a appris l'histoire de la vie; on a découvert l'histoire de l'homme et de ses institutions. On a saisi l'évolution dans ses diverses étapes. On a su ce qu'était un chef-d'œuvre, du théâtre magnifiquement écrit, un auteur génial, un roi ou un chef tout-puissant. On a appris tout ce qui avait préparé le monde d'aujourd'hui. Mais on n'avait pas ce qu'il fallait pour vivre dans le monde d'aujourd'hui.

De plus, il ne faut pas mépriser l'inutile : il est le seul à se rapprocher du gratuit, de ce qui vit sans intérêt égoïste. Le gratuit, c'est souvent la plus belle fleur de la vie. Mais c'est souvent un superflu qui peut gêner l'essentiel.

La culture « inutile » se glorifiait de son inutilité : elle transcendait le quotidien, l'obligatoire, le pratico-pratique de tout le monde. Elle était noble et belle en soi. Mais il faut bien admettre qu'elle ne pouvait toucher qu'une petite partie du monde : qui peut s'offrir le luxe d'une telle richesse ?

C'est ainsi que la culture a divisé la société.

On a pu croire que c'était l'argent, la profession, la famille, les gens d'une même société qui partageaient le monde. On voit maintenant que c'était surtout la culture. C'était l'ensemble de connaissances que l'on a et qui apportent un certain nombre de privilèges. C'était la possibilité de référence au passé, c'était le luxe du gratuit et même de l'inutile, c'était l'avantage du voyage, du club privé, du groupe fermé. On peut croire que l'argent achetait tout cela. Oui, si l'argent était le privilège des gens cultivés.

Les religieux et les religieuses vivaient dans d'immenses maisons, les prêtres habitaient de grands presbytères. Ils n'étaient pas riches, ils ne possédaient pas d'argent. Pourtant, ils étaient membres de la bourgeoisie, ils étaient à part, ils étaient cultivés.

La culture a divisé la société.

De grands avantages

On ne fait pas le procès de la culture, même si on l'accable de bien des accusations. On la regarde dans ce qu'elle était. Mais ce qu'elle était contenait bien des avantages, on l'a déjà indiqué. Il vaut la peine de s'en convaincre encore plus. Ne serait-ce que pour mieux juger celle de maintenant.

La culture d'hier ouvrait l'esprit au monde.

Quand on apprenait l'histoire de l'antiquité, on apprenait surtout que le monde avait une histoire. On se référait à des civilisations antérieures, avec ses génies et ses héros. On apprenait l'homme, l'univers. On apprenait de grandes choses, de grands exploits, de grandes époques. L'universalisme faisait partie de la culture d'hier parce que la culture faisait référence aux divers sommets de l'univers.

C'est vrai qu'en littérature, on nous enseignait bien peu de chose sur nos auteurs contemporains. Mais on étudiait les auteurs qui avaient le mieux profité de la langue, qui avaient le mieux utilisé le verbe, la poésie ou le théâtre, pour décrire la vie. Il faut bien admettre que Molière peut encore nous faire comprendre les tartuffes, les avares ou les malades imaginaires d'aujourd'hui.

Malheureusement, la culture d'hier ne nous a pas sensibilisés aux richesses du présent. Il fallait tricher pour étudier les auteurs contemporains. La culture nous plongeait dans un passé qui risquait de nous désincarner. Et souvent, la culture nous a désincarnés. Avec Corneille, on pouvait se poser la question de l'honneur; mais on aurait bien aimé, aussi, se poser la question de la vie avec Camus.

L'incarnation des valeurs, on la trouvait dans la fréquentation de «maîtres à penser». L'étudiant rencontrait un professeur qui, lui, avait assimilé ses connaissances. Lui, il pouvait donner un sens à l'histoire; lui, il avait réfléchi sur l'honneur et sur la vie; lui, il avait fait le tour des systèmes, des réflexions diverses, des écoles multiples. Et quand il enseignait sa science, il transmettait des éclairs de vie. La culture d'hier se transmettait par des hommes: c'était son incarnation propre.

Ces hommes vivaient dans des collèges. Ils touchaient leurs élèves; mais leurs élèves étaient peu nombreux. Finalement, à côté de ceux qui profitaient de la présence d'un maître, il y avait la poussée d'un peuple ignorant, mal instruit, non instruit. La culture d'hier a privilégié les uns à un point tel que les autres se sont sentis humiliés de leur ignorance.

Aucune transmission de valeurs ne peut surpasser celle qui se fait entre les personnes présentes l'une à l'autre. C'est celle du foyer, de la famille, de l'amour. Mais cela peut représenter l'injustice autant que le privilège. Celui qui demeure témoin d'une présence dont il ne profite pas se sent finalement lésé.

La culture d'hier a présenté des systèmes de réflexion. On savait à qui se référer, on identifiait le maître, on donnait un nom à une réflexion. On n'a peut-être connu que saint Thomas comme philosophe; mais on a au moins connu un philosophe. La culture d'hier s'est faite par l'intermédiaire de personnes privilégiées qui choisissaient leurs œuvres, leurs références, leurs systèmes, leurs maîtres. L'avantage, c'était de les nommer. Le malheur, de les limiter.

La culture d'hier, finalement, a donné aux bourgeois d'hier tout ce qu'il leur fallait pour former une classe supérieure dans une société stable, insérée dans une tradition rigoureuse, encerclée d'institutions vénérables qui n'ont pas l'habitude de la remise en question. La culture d'hier a donné des lettres, des titres; elle a formé des esprits; elle a préparé, enfin, la venue d'une autre culture, celle qui se répand aujourd'hui et que l'on nomme culture de masse.

La culture de masse

Personne ne se vante d'avoir une «culture de masse»... Personne ne s'identifie à cette culture nouvelle. Personne ne fait classe à part. La culture de masse appartient à tout le monde.

On donne beaucoup d'importance à la télévision dans l'évolution de cette culture.

Depuis bien longtemps, au temps de la culture traditionnelle des élites, les journaux existaient, on le sait bien. Ils avaient une influence sur la population, ils la renseignaient, lui apportaient une information sur l'actualité environnante ou universelle. La presse est un élément de la culture de masse, un de ces mass media qui influencent la population. Mais une certaine presse était faite pour l'élite, pas pour le peuple: elle renseignait l'élite à la manière de l'élite. Pourtant, déjà, elle pouvait unir. Mais seulement au plan de l'événement.

La radio traînait sa part de romantisme facile. On se souvient de ces séries quotidiennes qui offraient leur séduction à un public captif. La radio, c'était la possibilité de culture à la portée de tous. Le théâtre du lundi soir et l'opéra du samedi après-midi avaient grande allure. La radio offrait une information presque complète, elle engendrait sa pléiade de vedettes, ses revues et ses journaux, elle nous servait la musique de Paris, nous faisait imaginer les petits bals de valse et de polka, nous introduisait au roman et à bien des univers. Mais la radio d'hier avait sa limite de séduction. Il fallait lui offrir une attention bien sympathique pour entendre son message. Et il fallait une imagination bien fertile pour découvrir l'ensemble de son univers. La radio de Radio-Canada, c'était pour ceux de la culture d'élite; et la radio des stations privées, qui s'adressait à la masse, séduisait souvent plus par sa facilité que par la qualité de son message.

Il y avait bien le cinéma, aussi. France-Film avait sa clientèle stable. Et la comédie musicale américaine avait aussi ses adeptes. Dans les collèges, les ciné-clubs permettaient de discuter les chefs-d'œuvre et de se mettre à l'étude des grands maîtres. Mais le cinéma d'hier, jusqu'aux derniers jours des années 50, avait bien peu d'ampleur. En France, il décrivait le quotidien que l'on connaissait mal; aux États-Unis, il découvrait le rêve que l'on ne connaissait pas. Bref, rien qui faisait partie de nos vies. Le cinéma ne reflétait pas nos vies à nous.

On nous montrait les bons sentiments, les vertus des héros, les gloires du passé. Le cinéma avait, en fait, tout ce qu'il fallait pour faire découvrir beaucoup plus. Mais il était tellement dépendant de la culture bourgeoise qu'il s'identifiait à son contenu. C'est ainsi que la France faisait des films qui ressemblaient à son théâtre; et que les Américains l'utilisaient pour défendre leur façon de vivre. Non, le cinéma n'était pas beaucoup expression de vie.

Jusqu'au jour où de jeunes cinéastes français entreprirent de faire des films d'un genre nouveau. On les appela alors ceux de la «nouvelle vague». Mais leurs films n'entraient pas au Québec. Il fallait se rendre à New York pour profiter des inspirations de Godard ou de Malle.

C'est pourquoi la télévision a pris une telle importance.

La télévision s'offrait à tous. La télévision parlait de tout et de tous. La télévision était facile d'accès. La télévision disait bien des choses. La télévision s'est mise à influencer tout le monde. Et à transmettre à des gens inconscients ou presque, un ensemble de connaissances qu'ils ne soupçonnaient même pas et qui, rapidement, en faisait des «gens cultivés».

Les séductions

La radio et le disque avaient fait connaître la musique de l'opéra. La télévision invitait à l'opéra. Il faut bien apprécier la différence: celui qui n'avait jamais visité une maison d'opéra de sa vie se trouvait subitement dans une loge de la Scala ou du Metropolitan. Celui qui n'avait jamais traversé la mer se voyait sur une île des Antilles, découvrant une végétation et une faune que rien n'avait pu lui faire soupçonner. Celui qui n'avait jamais vu la France s'installait au bistrot. Et celui qui ne savait pas le nom des îles grecques en goûtait la blancheur et la douce beauté. La télévision faisait tout découvrir d'un coup, elle offrait tout à tout le monde.

Ce qui fait qu'aujourd'hui, la télévision est le professeur le plus suivi. On le fréquente en moyenne, dans une famille, entre 26 et 28 heures par semaine, selon les régions. On lui doit l'information, le voyage, la musique et le rire. Mais aussi la vie.

La télévision qui connaît le plus de succès est celle qui décrit la vie le plus adroitement possible. Les plus hautes cotes d'écoute appartiennent aux émissions qui décrivent un foyer aux situations multiples, aussi cruelles que joyeuses.[1] Elles donnent la passion de la vie trépidante sans danger. Elles transmettent des sentiments qui prennent des accents de vérité intouchable quand on les trouve dans la vie d'un couple, d'un amoureux ou d'un étudiant que l'on fait vivre, chaque semaine, dans le langage de chez nous, dans le cadre que l'on connaît. Les téléromans ont le succès de la vie: plus ils savent la décrire, plus il touchent leur clientèle. On ne veut plus voir la vie des autres ni les rêves des autres: on veut la vie à laquelle on s'identifie.

Mais aussi, la télévision transmet des connaissances sur le drame humain comme rien n'avait pu le faire auparavant.

Un jour, au temps des affreux événements du Biafra, Yvon Deschamps écrivit un monologue sur la télévision. Il se moquait des nouvelles et de l'information qu'on y trouvait. Et parlant des enfants du Biafra qui mouraient de faim et que la télévision nous montrait en nous serrant le cœur, Deschamps disait: «C'est écœurant, le Biafra, c'est écœurant *de nous le montrer...*» Parce que la télévision renseigne émotivement: elle donne une dimension de vie à l'événement. Elle touche le sentiment.

Celui qui ne connaissait pas l'Afrique autrement que par un cours de géographie sans carte découvrait un pays, un peuple, une histoire, une misère. Plus que cela: il découvrait une facette affreuse de la nature humaine. Il apprenait la vie comme personne ne la lui avait apprise. Il augmentait ses connaissances sans presque s'en rendre compte. Il s'instruisait et se cultivait. Il se donnait une culture. Il vivait plus.

Ça, c'est devant la télévision. Mais il n'y a pas que la télévision. Les autres moyens de communication se sont aguerris. Aujourd'hui, radio et cinéma transmettent une

---

1. En tête des cotes d'écoute du Québec: *Dominique* et *La petite maison dans la prairie.*

façon de vivre, ce qui est aussi une culture, qui séduit bien du monde.

Pendant quelque temps, ce qui veut quand même dire plus d'un an, une station de radio de Montréal offrait à ses auditeurs 18 heures de «ligne ouverte» par jour. Pendant ce temps, la parole était offerte à tous ceux qui croyaient avoir quelque chose à dire. En studio, un spécialiste, ou un animateur qui prend des airs de spécialiste. Au bout du fil, des gens préoccupés d'apprendre ou de parler. Entre eux, un problème de vie. On s'instruit les uns les autres. On va à l'école des ondes. On se fait maître et élève en même temps.

Les émissions qui utilisent la ligne téléphonique ont encore, chez nous, un succès étrange. Pourquoi entendre la misère ou la passion d'un autre? Pourquoi ne pas choisir la conférence de celui qui est l'expert? Parce que les gens n'ont que faire de l'expert de la culture d'hier: ils veulent prouver qu'ils peuvent apprendre, dire et échanger à partir des éléments de la culture d'aujourd'hui. Les lignes ouvertes, c'est le lieu des défoulements et de la récupération, de la connaissance passionnée.

La radio ne transmet plus les mêmes émissions: elle a laissé à la télévision tous ses romans. Quand elle ne fait pas parler les gens, elle leur transmet des conseils faciles, des renseignements sur tous les sujets, des moments d'humour et de fantaisie: elle allège la vie. Et surtout, surtout, elle embellit la vie à coups de chansons, à coups de musique, à coups de rythmes trépidants.

Joe Dassin vous parle; ensuite, c'est Michel Delpêche; puis, Vigneault ou Dufresne. Chacun a quelque chose à dire. Chacun livre son message. Chacun parle à celui qui l'écoute. Chacun apprend à l'autre quelque chose qu'il ne sait pas ou qu'il devine mal. La radio enseigne toujours.

Celui qui possède une culture traditionnelle peut faire semblant de mépriser ces éléments de culture facile: ils l'atteignent quand même. Parce que chacun a besoin de la radio pour l'information, pour connaître le temps qu'il fera, pour savoir si une grève commence ou se termine. Personne n'y échappe : tout le monde s'alimente à la radio.

Un peu comme au cinéma.

Autrefois, il fallait se rendre dans une salle pour voir un film. Aujourd'hui, la télévision nous en présente constamment, sans solliciter d'effort, à toute heure du jour et de la nuit. Le cinéma remplit la télévision à certaines heures. Il suffit de rester chez soi pour aller au cinéma.

Mais à la salle de cinéma, en plus, un monde se déroule.

Dans une salle obscure, au fond d'un fauteuil confortable, les yeux remplis par un écran géant, les oreilles ouvertes à un son ambiant, vous vous laissez vivre dans un autre monde. Le cinéma ose maintenant dire ce qu'on chuchotait. Il entre dans les chambres à coucher, il explore les repères des marginaux, il déshabille tout le monde, des plus belles aux plus affreux. Ses images sont plus convaincantes que jamais parce que ses maîtres savent utiliser tous les artifices de la technique pour transmettre la vérité désirée. Le cinéma est une école de séduction totale.

Certaines personnes vont dans les salles seulement pour se détendre. On entend surtout cela dans la bouche des plus attachés à la culture traditionnelle : eux, quand ils touchent du bout des doigts la culture de masse, c'est pour rire. On va au cinéma pour rire, et pour rien d'autre. Pour eux, le cinéma n'est encore qu'un divertissement.

Pendant ce temps, les autres, ceux qui savent qu'ils ont tout à apprendre, vont au cinéma avec sérieux.

Ils vont, par exemple, voir « Scènes de vie conjugale », de Bergman. Ils ne craignent pas les quatre heures de spectacle. Ils veulent bien, pendant quatre heures, se poser des questions sur l'amour. Ils sont prêts à apprendre l'amour.

Ce qu'ils ne savent pas, c'est que cette histoire d'un couple suédois pourra les influencer peut-être plus, dans leur notion et conception du mariage, que tout ce qu'ils en pensaient et savaient jusqu'à maintenant. C'est-à-dire qu'ils sont dans le contexte le plus favorable à la compréhension nouvelle d'une valeur traditionnelle. Ils sont dans un état de réceptivité supérieur à tous les autres. Parce que le cinéma de Bergman convainc par sa beauté, sa vérité, sa logique, son humanité. C'est Bergman qui devient leur maître à penser, leur professeur de vie. Il n'y a pas un curé pour les convaincre ainsi. Ce qu'ils entendent les séduit et les enchante. Ce qu'ils découvrent les touche plus que rationnellement; ce qu'ils apprennent les forme et les forge. La culture nouvelle qu'ils s'offrent en fait des gens différents de ceux qui n'ont de notion de vie que celle de la culture d'hier.

L'enseignement

La culture de masse instruit.

Ceux de la culture d'hier s'y objectent. Parce que la culture de masse répond à des critères de culture trop différents pour qu'ils puissent les apprécier convenablement. Mais ils ont tort: la culture de masse instruit grandement.

Au temps de la culture des élites, le monde se partageait entre ceux qui savaient et ceux qui ne savaient pas. Ceux qui savaient, eux, ils savaient tout. Et les autres ne savaient rien, ou presque.

Aujourd'hui, il est facile à tout le monde de savoir bien des choses que d'autres ne connaissent pas. Et pas seulement des choses faciles.

Ainsi, le patient du médecin peut raconter à l'homme de science tout ce qu'il a compris d'une découverte récente sur le cancer, telle que décrite en détail dans un documentaire qui a été présenté la veille, à la télévision. Le médecin ne connaît pas cette découverte parce qu'elle est récente, parce qu'elle ne le concerne pas, peut-être même parce qu'elle ne l'intéresse pas. Le patient, lui, le non-instruit, le sans-culture, a trouvé un intérêt dans ce reportage. Il a trouvé une façon de se valoriser, mais aussi, d'apprendre ce que le collège a réservé aux autres tout au long de sa vie.

Il est facile de mieux connaître l'opéra que les rares amateurs d'autrefois; de connaître les grands chefs des grands orchestres; de comparer les ballets de diverses compagnies; de juger les chanteurs et les solistes. Et cela, sans argent, sans appartenance à un milieu social privilégié, sans préparation spéciale. La culture de masse apprend à ceux que l'on disait démunis bien des choses que les riches, les bourgeois, les gens cultivés ne connaissent même pas.

La culture de masse traite de tout.

Au cinéma, elle découvre de nouvelles dimensions humaines. Parfois marginales ou même maladives, parfois intimes ou même indiscrètes. Ce sont toujours des dimensions d'homme. Hier, il n'y avait que les livres de psychologie, de sociologie ou d'autres sciences humaines au public restreint pour aborder ces questions. Aujourd'hui, on les montre, on les fait vivre devant vous. Les mêmes notions; mais pour tous.

La télévision montre tout: politique, géographie, art, et tout ce que vous voulez. Mais aussi, sur tous les tons. Elle vous sert le drame et la comédie à la suite l'un de l'autre. Ou même les deux à la fois. Elle vous offre le monde entier en capsules: un petit peu d'Asie, quelques gouttes d'Indonésie, une portion d'Afrique, tout cela dans la même soirée. Elle agrandit l'univers de chacun. Elle crée le «village global», selon le mot très juste de Marshall McLuhan, où tout le monde se connaît, se fréquente et se guette. La télévision instruit sur tous les aspects du monde. Un peu comme hier, dans les coins les plus reculés de nos campagnes, tous les gens du village et des rangs connaissaient la vie de tous les voisins. Parce qu'ils vivaient nécessairement à ciel ouvert.

La télévision instruit. Comme la radio. Comme le cinéma. Mais à sa façon, qui est loin d'être parfaite.

Il faut bien reconnaître que la séduction, de qui que ce soit et de quoi que ce soit, se fait ordinairement à fleur de peau. Ce qui touche par les sens produit beau-

coup d'effet. Mais n'atteint pas toujours la raison. La séduction n'est pas toujours faite de raison.

Le cinéma qui crée un monde avec ses artifices, la
radio qui remplit tous les instants de chaque jour de bien
des gens, la télévision qui mise sur les vedettes pour
transmettre des produits parfois pauvres, tout cela n'aide
pas la réflexion. Il va de soi que le contenu de bien des
émissions choque l'intelligence. Mais on l'accepte, et on
les accepte parce qu'il n'y a que l'épiderme qui se sent
touché. Autrement, si la froide raison s'y mettait, appré-
ciait et jugeait trop sérieusement le petit écran, une
bonne partie du contenu télévisé serait refusé.

La culture de masse traite de tout. Mais en effleurant
tout. Autrement, elle toucherait très peu de gens. Peut-
être seulement ceux de la culture d'hier... Pour apprendre la vie à ceux d'aujourd'hui, il lui faut dire moins en
faisant semblant de dire plus. Ou encore: elle dira beaucoup à beaucoup de gens. Mais elle sait fort bien qu'elle
sera reçue bien différemment par ces gens. La culture de
masse offre des choix; mais ils sont rares ceux qui savent choisir.

Elle peut présenter une foule de valeurs qui demeu-
raient inconnues à la majorité il y a bien peu de temps
encore. Elle peut apprendre la beauté, la sensualité,
la douceur, la fraîcheur du monde à ceux qui ne les
connaissaient pas. Elle peut apprendre l'art et toutes
ses manifestations, elle peut donner des leçons sur la
vie, sur tout l'humain, sur tout le monde. Elle peut déver-
ser un flot constant de connaissances nouvelles à tous
ceux qui veulent s'en servir, sans même avoir besoin de
les comprendre. La culture de masse peut ouvrir des
oreilles et des cœurs, peut donner un échantillonnage
de vie comme jamais personne, dans l'histoire du monde,
n'en a jamais connu.

Un jeune de 15 ans, qui regarde la télévision durant
25 heures par semaine depuis 10 ans, connaît plus le
monde que le plus grand savant du siècle dernier. Il connaît plus la vie des plantes que ses parents, plus la vie
des bêtes que ses maîtres, mieux les origines de l'hom-

me que les intellectuels d'il y a à peine 30 ou 40 ans. Il en sait des choses, ce petit...

Mais ce qu'il sait, il le trouve peut-être dans un fouillis. Il connaît l'histoire de la vie comme la vie fictive de l'an 3000. Il connaît la vie des personnes comme celle, toute fausse, des vedettes. Il mêle le vrai et l'artifice, il mêle tout.

Pourquoi?

Parce qu'on lui offre mille maîtres à penser. On le laisse dans les mains des réalisateurs, des producteurs ou des publicitaires. On lui offre tout sans lui dire. On lui dit tout et on ne lui dit rien. La culture de masse refuse les systèmes; elle propose des valeurs mais nie les hiérarchies. La culture de masse présente Bobino et Jésus, Woody Allen et Albert Einstein, Dolly Parton et Marie Curie sur un pied d'égalité: ils se suivent à l'horaire, tout simplement.

Certains sont privilégiés: ceux d'aujourd'hui. Ils ont priorité sur ceux d'hier, cela va de soi. À moins qu'hier ait un accent retro, une façade d'antiquité, sans pourtant être vieux.

C'est le présent qui compte, ce qui donne une image, ce qui s'illustre, se commente facilement, ce qui touche de près.

Un jour, je rencontrais un éditorialiste du *Los Angeles Times*, journal qui tire chaque jour à 1 220 000 exemplaires et qui influence tout l'Ouest américain. Je disais à cet homme fort de la culture de masse comme j'étais impressionné par la qualité visuelle de l'information à la télévision. L'écran ne nous présentait pas simplement un lecteur mais toujours, ou presque, une image des lieux où se déroulait l'action commentée. Et je disais: «Ça, c'est vraiment un journal télévisé...»

Et lui me répond: «Pour notre malheur... Parce que la télévision ne parle que de ce qu'elle peut illustrer. Elle donne tellement la priorité à l'image qu'elle fausse toutes les priorités que nous essayons de défendre. Si, par exemple, il se produit un coup d'État dans un pays où elle n'a pas de reporter, la télévision prépare et livre une nouvelle de quelques secondes. Mais elle accordera deux ou trois minutes au feu du hangar ou à l'accident de la rue d'à côté, où on a pu dépêcher une équipe de cameramen. Tout est faussé, car pour le téléspectateur, ce que l'on traite longuement a toujours plus d'importance que ce que l'on mentionne brièvement. Si, en plus, on n'a pas d'images à lui montrer, l'événement mondial revêt bien moins d'importance que la querelle du voisin...»

C'est ainsi que la télévision américaine ne traite souvent d'événements internationaux que si les États-Unis sont touchés par eux, si des Américains y participent, que ce soit pour une guerre ou pour une compétition sportive. Et chez nous, c'est souvent un peu comme cela; et parfois, beaucoup comme cela. La télévision nous apprend ce que l'on veut apprendre.

Surtout, la télévision nous apprend ce qui sera facile à apprendre. Elle refuse de nous obliger à réfléchir.

Pour la radio, cela va de soi. Elle parle à cœur de jour, sans la prétention qu'on l'écoute. Elle remplit les vides, elle bouche les trous du quotidien, elle tient compagnie à celui ou à celle qui refuse d'être seul dans sa maison ou dans sa voiture. On accepte que la radio ne s'adresse que très peu à la raison: elle n'oblige même pas à l'attention.

Le cinéma, lui, peut dire davantage. Celui qui sort d'une salle après deux heures et demie d'un film comme «One Flew over the Cuckoo's Nest» même «Being There» ou «Les bons débarras», celui-là a matière à réflexion. Il se pose volontiers quelques questions. Mais il sait, ou finit par se rendre compte, que le message intellectuel qu'il a perçu a d'abord touché des émotions vives. On a tellement utilisé ses sentiments qu'il lui faudra faire un effort pour parvenir à une saine raison. Le cinéma séduit avant qu'on l'assimile.

La télévision, elle, devrait pourtant véhiculer toutes les sortes de messages. Elle devrait pouvoir obliger à la réflexion.

Mais la télévision utilise l'image quand elle veut être à son meilleur niveau de persuasion; et elle sait rarement utiliser l'image quand elle veut s'adresser à la raison. Les émissions d'affaires publiques dépassent rarement la formule de l'interviewer et l'interviewé. Un invité commente l'événement. Au mieux, on lui oppose un autre invité qui soutient une position divergente. La caméra tente de suivre l'un ou l'autre. Bref, les émissions qui engagent à la réflexion s'alimentent aux vieilles techniques de la radio : on parle, on discute, on échange devant des micros.

Parfois, la télévision se paie le luxe de «séries éducatives». On découvre alors «les Rois maudits» ou «Molière». Ou elle nous promène au fond des mers ou elle nous conduit au cœur de l'Afrique. La télévision enrichit la personne, elle ajoute aux connaissances, elle transmet une culture. Mais elle ne sait pas très bien appeler à la réflexion. Elle donne beaucoup mais n'attend pas de réponse.

Récemment, à l'horaire d'une chaîne privée, on remplissait la soirée du samedi avec un film d'importance. Tout se déroule bien jusqu'à ce que le technicien fasse le changement de bobine : il fait passer en ondes la bobine numéro trois avant la bobine numéro deux. C'est-à-dire que tout perd son sens : l'histoire est sans logique et le suspense disparaît. On pouvait s'attendre à un afflux d'appels bloquant toutes les lignes de la station. A-t-on idée de faire une erreur semblable, le samedi soir, alors que plus d'un demi-million de personnes trouvent tout leur divertissement dans un film télévisé..!

Personne n'a appelé. Personne ne s'est révolté, personne n'a osé dire au technicien distrait qu'il avait commis une erreur grave. Enfin, personne ne s'est aperçu de l'erreur. Parce que la télévision offre une image qui n'oblige pas à la réflexion.

Malgré tout, finalement, la culture de masse enrichit la population d'une foule de connaissances, d'un bagage de découvertes, d'une ouverture à la vie et au monde. Tout le monde peut apprendre une foule de choses. C'est une culture imparfaite, avec ses qualités et ses défauts, la culture d'autrefois. Le problème, c'est que ses défauts et ses qualités ne coïncident pas avec les autres; même que souvent, ils s'opposent. Au lieu de produire une certaine complémentarité, ils engendrent l'affrontement.

L'affrontement des cultures

Ce ne sont pas des connaissances qui s'affrontent: elles seront toujours froides et objectives, capables de s'ajouter les unes aux autres. La connaissance des choses et des personnes est une réalité indépendante des personnes: on la trouve dans les livres autant que chez les savants. On la trouve aussi chez les personnes d'un milieu particulier. Ce sont ces personnes qui, dans leur milieu, supportent mal la contradiction entre les valeurs différentes de cultures qui se suivent. Le mal affecte les personnes.

Pourquoi? Parce qu'une culture se fait en référence à un ensemble de valeurs bien définies. Ces valeurs ne sont pas que des connaissances nouvelles: ce sont autant, également, des motifs de vivre, des fondements de vie, des engagements et des choix profonds. Ces valeurs représentent tout un contexte, tout un monde. Ceux qui vivaient des privilèges de la culture d'hier le savent bien. Et les autres le découvrent sans avoir besoin d'identifier ce qui se passe.

On se réfère à une culture comme à une valeur: plus ou moins consciemment.

Ce qui fait que la participation à une culture engendre une mentalité, une façon de voir ou de vivre particulière.

On entend facilement des jeunes appeler «quétaine» ce qui appartient à un âge qui les précède. «Quétaine», c'est tout ce qui n'est pas en relation d'affinité avec ce qu'ils sont. C'est une coiffure, un vêtement, une chanson ou une expression. Parce qu'ils ne peuvent établir une relation d'affinité avec une chose ou un être, ils cherchent un terme dépréciatif pour le qualifier.

Chez les autres, ceux que les jeunes trouvent vieux et qui ont pourtant une ou deux générations bien vivantes avant eux, on ne qualifie pas ce qu'on ne peut comprendre. On démissionne devant, on s'offusque devant, on se scandalise devant. Mais on n'entre pas en relation. «C'est plus comme avant... On ne peut plus faire comme avant...» Des gens de 50 ans, qui ne comprennent pas ce qui se passe mais qui voient profaner tout ce en quoi ils croyaient, acceptent tout, la tête basse.

On se trouve avec deux générations, deux mentalités qui n'ont pas le vocabulaire du dialogue. Chacune manque d'assurance: ce n'est pas l'attitude extérieure de ceux qui ont un pouvoir d'hier ou même l'effronterie de ceux qui commencent à se faire une culture nouvelle qui peut prouver quoi que ce soit. Ce sont là des attitudes bien extérieures. Le drame de l'incommunicabilité se trouve dans l'impossibilité d'entretenir un même langage dans une situation de culture différente.

Souvent, pour ne pas avouer son impuissance à comprendre, l'homme de 50 ans dira simplement: «Il faut s'adapter aux jeunes, ils nous poussent dans le dos, mais il faut admettre que c'est à leur tour de prendre la place...» À 50 ans, on donne l'impression de ne plus rien avoir à offrir, encore moins à donner. On a perdu confiance en soi, en ce qu'on a reçu, en ce qui nous a fait vivre.

Les élites d'hier se cramponnent à ce qui les a valorisées. Les autres d'hier, le peuple, le vrai monde, ne sait pas à quoi s'accrocher. Ils n'avaient rien. Et ils ne savent pas quoi choisir dans tout ce qui leur est maintenant offert. C'est quand même triste de voir tant de gens se côtoyer sans pouvoir se parler.

L'affrontement des cultures apparaît dans plusieurs domaines de vie. Il dépasse les mass media, bien sûr. Il est né dans l'apparition des connaissances nouvelles. Mais il crée maintenant une mentalité, une façon de voir et de comprendre les choses et les gens. Les uns s'attachent à leur vision d'autrefois; les autres n'y comprennent rien, ils veulent vivre les valeurs d'aujourd'hui. Et parfois, cela mène à la révolte.

Un exemple de cet affrontement des mentalités? Prenons le cas de la pièce de théâtre écrite par Denise Bou-

cher et présentée au Théâtre du Nouveau Monde:
«Les Fées ont soif». On comprendra peut-être comment
le scandale arrive des deux côtés chez ceux qui défendent des cultures différentes.

La pièce est féministe: tout le monde s'entend là-dessus. La pièce propose donc une libération aux femmes. Pour l'auteur, une première libération importante
doit se faire au plan religieux: certaines images chrétiennes, surtout de la tradition catholique, auraient, selon
l'auteur, servi à garder la femme québécoise prisonnière
d'une condition d'infériorité.

S'en prendre à des images religieuses, c'est toucher à la religion, cela va de soi. Cela satisfait émotivement un certain nombre de personnes qui semblent
avoir un problème à régler. Mais aussi, cela en fait réfléchir d'autres, cela interroge, cela bouscule et provoque.

Des catholiques se sentent personnellement atteints
dans leur foi et condamnent la pièce. Elle n'était qu'une
œuvre théâtrale de qualité moyenne: elle devient le scandale à succès. On cherche le sacrilège: certains le trouvent, d'autres le refusent. Les clans se forment et les insultes pleuvent.

À un moment, l'archevêque de Montréal adresse
un message à ses diocésains: il considère que la pièce
de Denise Boucher constitue un manque de respect à la
croyance d'une bonne partie de la population, et ridiculise la foi de la majorité. Mais il ne défend pas aux catholiques de voir le spectacle: il dit ce que lui-même en pense et invite à la prise de conscience.

C'est son droit, comme c'est celui de tous ceux qui
veulent s'exprimer sur le sujet. Mais pour un certain
nombre de catholiques, ce n'est pas tout de s'exprimer:
il faut condamner ou empêcher le spectacle de continuer.
Ils se réfèrent à un contexte de la culture d'hier: que le
bras séculier intervienne pour protéger la foi religieuse.

C'est ainsi que des groupes qui ne se connaissaient
pas et qui n'avaient jamais eu ni d'action ni de pensée
communes se sont trouvés alliés dans un même combat:
il fallait demander à la Cour de faire cesser le scandale.

Il fallait qu'un juge dise aux gens de chez nous qu'ils n'avaient pas le droit de se faire les spectateurs du scandale.

On voit le cheminement : il est double.

D'un côté, des partisans d'une culture nouvelle qui dit : j'ai le droit d'offrir toutes les valeurs que je trouve importantes et je laisse chacun s'en servir comme il le désire ; de l'autre côté, des adeptes de l'autre culture qui dit : j'ai la responsabilité de vous dire quoi penser, comment penser, et je n'ai pas le droit, en conscience, de l'abdiquer, selon son besoin.

Car, c'est un problème de conscience, pour les uns comme pour les autres. Pour ceux qui ne connaissent de maître à penser que ceux qu'ils choisissent ; pour ceux qui ne connaissent, comme maîtres à penser, que ceux du passé.

Le tout avait débuté par une question de subvention refusée. Mais c'était là le prétexte du scandale. La vraie raison se trouvait dans l'affrontement de deux cultures qui s'abreuvent à des sources différentes et à des maîtres qui s'opposent.

La nouvelle façon d'apprendre

Chose étrange, ce sont quand même les mass media qui pourraient refaire le lien entre ces deux mondes. On a jusqu'à maintenant peu parlé de la presse écrite, de ce vieux moyen de communication qui est à l'origine des autres et qui ne cesse d'influencer tout le monde malgré la force de ses partenaires, télévision, radio et cinéma. Elle est de grande importance.

D'abord, la presse s'attache au passé : elle a une tradition. Mais aussi, la presse joue présentement un rôle absolument original : elle transmet une nouvelle pédagogie, une nouvelle façon d'apprendre et de comprendre qui peut influencer toute une culture. Par son attachement au passé et sa préoccupation du présent, la nouvelle pédagogie de la presse peut aider à réduire l'affrontement actuel des cultures.

Voyons comment la nouvelle est transmise dans un journal.

D'abord, une manchette. Par exemple : « Hécatombe à Chapais ». En quelques mots, on donne les éléments importants qui vont créer une impression, susciter une émotion, attirer l'attention.

Ensuite, des faits brutaux : 45 personnes sont mortes dans un incendie, au creux de ce petit village du nord québécois, lors d'une veillée où 350 personnes festoyaient dans une salle publique, etc. Tous les faits connus pour rendre l'information complète à ce niveau.

Puis, le contexte. La salle avait été inspectée et répondait aux normes de sécurité, selon le maire de la ville. Mais il paraît qu'un jeune homme aurait mis le feu à des décorations de sapin qui entouraient une porte de sortie, que ce sapin était sec, que l'extincteur était loin, etc. : tout le contexte qui permet de comprendre le fait brutal, qui va plus loin que la description simple de ce qu'on a vu. On situe les faits dans un contexte humain, social, local, etc.

Suit alors l'analyse : comment se fait-il qu'un tel drame puisse se produire aujourd'hui dans notre société ? Comment faire pour prévenir de tels accidents ? Quelles sont les règles qui régissent les salles de réception ? Quels sont les faits dont il faut tenir compte, les personnes qu'il faut questionner ? Est-on certain de posséder tous les éléments ? etc. Il faut regarder froidement toutes les implications du drame.

Et, finalement, à la fin de tout, quand on sait tout, qu'on a tout situé dans son contexte, tout analysé dans toutes les dimensions, l'éditorial prend position : il faut tenir une enquête, il faut étendre la responsabilité à celui-ci et à celui-là, il faut prendre telle précaution, il faut que le gouvernement s'engage à ceci et cela, etc. À la fin, et seulement à la suite de tout ce cheminement, on est prêt à prendre position.

C'est ainsi qu'un bon journal doit procéder. C'est ainsi qu'il apprend au lecteur à lire et à penser. Ainsi qu'il renseigne et qu'il « cultive » le monde actuel.

Enlevez une pièce du cheminement cité : il vous manque un élément essentiel. Ajoutez à cela la liberté de choix d'achat du journal, la liberté de choix des articles à lire. Ajoutez l'effort de la lecture, de l'attention, de la compréhension, du désir de la conclusion. Le journal apprend beaucoup de choses.

Mais, à bien y penser, le journal n'est pas le seul à utiliser un tel itinéraire : souvent, les autres media empruntent des voies très semblables pour finalement influencer l'homme d'aujourd'hui et l'amener à apprendre et à penser de cette façon qu'il faut bien trouver rationnelle.

On annonce un film : un titre. Quelques faits : le nom du réalisateur et des acteurs, l'essentiel de l'intrigue. *Le contexte* : c'est un film qui veut décrire une oppression sociale. *L'analyse* : c'est le troisième film du même réalisateur sur un sujet semblable, d'ailleurs traité par plusieurs autres. *Conclusion* : le sujet est intéressant, la production est bonne, il vaut la peine de le voir. Voilà comment on « instruit » aujourd'hui.

C'est la technique de la culture nouvelle « à son meilleur ». On ne la trouve pas toujours aussi pure, aussi complète, aussi logique. Certains journaux n'offrent que des manchettes et quelques faits. On annonce des films qu'on vous force à voir pour des raisons bien factices. La télévision s'alimente souvent à des critères beaucoup plus simplistes, beaucoup moins sérieux. C'est vrai. Mais il reste que la culture de masse, de plus en plus, se transmet de cette façon. Et elle habitue la masse des gens à procéder de cette façon dans la découverte de nouvelles·connaissances.

Est-il nécessaire de montrer que ce processus est presque à l'opposé de celui de la culture traditionnelle ?

Pensez à toutes ces vérités qu'on vous a apprises en commençant par l'éditorial, c'est-à-dire en vous disant d'abord ce que vous devez croire et penser. Au lieu de vous renseigner sur des faits, sur un contexte et sur une analyse, on vous a transmis une position officielle : un argument d'autorité, un principe infaillible, un dogme indiscutable, une vérité absolue que vous êtes obligé de croire.

Il va de soi que c'est au plan religieux que l'exemple est le plus manifeste. C'est peut-être ce qui explique le refus de plusieurs chrétiens devant l'enseignement traditionnel de l'Église: inconsciemment, ils repoussent le processus d'imposition de la vérité. Pensez à un sermon d'hier et pensez à la façon dont vous vous instruisez aujourd'hui. Vraiment, ça ne peut pas coïncider. On ne peut pas vivre en même temps dans la transmission des deux cultures. On peut faire des liens. Mais on ne peut intégrer une école à l'autre. Il y a affrontement surtout quand on utilise encore aujourd'hui le sermon d'hier.

Pourquoi alors s'imaginer que la presse, qui imprime sa marque sur les mentalités au point de leur transmettre de sévères exigences, pourrait, elle, faire le lien, aider au rapprochement des deux cultures, à diminuer l'affrontement constant?

Parce que la presse oblige à l'effort, comme la culture ancienne. La presse est le moins séduisant des mass media, le plus aride, le plus ancien, le plus près, dans son image propre, de la transmission de la culture d'hier. La presse oblige à la réflexion; elle apprend à réfléchir, elle s'adresse plus directement à l'intelligence. La presse utilise plusieurs éléments des livres, piliers de la culture de l'élite, pour transmettre ses informations.

Finalement, ce qui distingue le mieux la culture d'hier et celle d'aujourd'hui, c'est plus le moyen de transmission, plus la robe, plus le contenant, plus l'extérieur que n'importe quoi d'autre.

Oui, mais... Quand Marshall McLuhan disait que «le message, c'est le medium», il affirmait que le contenant influençait plus que le contenu.

Les conséquences

Tout est culturel, disent certains. C'est-à-dire que tout se trouve intégré dans une dimension de contexte global, où les connaissances s'ajoutent les unes aux autres selon les influences d'un milieu, d'une époque, d'une génération. Ce qui revient à dire que tout ce qui sépare les personnes ou les groupes, c'est un milieu, une époque, une génération. Qu'est-ce qui crée le fossé entre ceux d'hier et ceux d'aujourd'hui? Où se trouve le creux du *generation gap*? C'est au sein de la culture des uns et des autres. Ce qu'ils ont appris et tout ce qu'ils apprennent encore les sépare les uns des autres.

Comme on ne se comprend pas, on refuse de se connaître. Comme on veut se protéger, on condamne. Comme on est souvent pas très sûr de soi, on se fait intolérant envers ceux qui viennent nous mettre en doute.

Aidez à la rencontre des cultures et vous rapprocherez les personnes au-delà des âges et des classes. Mais on ne change pas une culture: on la vit ou on la subit, c'est tout.

Est-ce plus difficile à ceux d'hier d'accepter ceux d'aujourd'hui? Ou est-ce plus difficile à ceux d'aujourd'hui d'accepter ceux d'hier? Tout dépend de la compréhension que l'on peut avoir les uns des autres. Peut-être que celui qui ne connaît rien de ce qui le précède peut accepter certaines réminiscences sans les juger. Et peut-être que ceux qui ont vécu au creux d'une culture pendant un demi-siècle sont imperméables au changement et peuvent continuer à vivre ce qu'ils étaient autrefois sans se laisser toucher par l'aujourd'hui.

Peut-être... Mais aussi, c'est peut-être le contraire qui se produit.

Ceux qui n'ont rien connu du passé d'hier lui sont souvent réfractaires. Ils ne le connaissent pas: pour éviter qu'il ne les effraie, ils le ridiculisent. Il n'y a rien de plus incompréhensible, pour quelqu'un de 20 ans, que les valeurs de ceux de 50 ans. Toutes les valeurs traditionnelles sont condamnées a priori sous l'accusation d'avoir vieilli. Et c'est impardonnable. Une valeur du passé a le terrible défaut d'appartenir au passé: elle ne peut satisfaire le présent. Une valeur du passé est une valeur dépassée.

Mais aussi, pour celui qui a trouvé sa paix et même sa gloire dans un système de valeurs d'hier, il n'est pas facile d'accepter un présent qui les ridiculise. Pourquoi tant de démissions, au plan des valeurs, chez ceux qui vivent de celles d'autrefois, vis-à-vis les jeunes d'aujourd'hui? Pour ne pas avoir l'air ridicule, c'est tout. Pas par respect des valeurs des autres, pas même par tolérance, encore moins par compréhension: c'est tout simplement pour ne pas perdre la face. Parce qu'on sait que le ridicule tue; et on veut vivre. Parce qu'on ne veut pas vieillir; alors on accepte les valeurs des jeunes. L'important, c'est la mode, même celle qui n'a pas de sens. Comme la mode des mini-jupes pensée pour les toutes jeunes filles aux jambes parfaites, mais rapidement adoptée par les femmes aux atouts physiques discutables qui tombent dans le ridicule du vêtement pour éviter le ridicule de l'âge. Tout pour ne pas vieillir, tout pour montrer qu'on n'appartient pas au passé.

L'affrontement des valeurs culturelles engendre, chez ceux qui vivent au sein des valeurs plus jeunes, la démission presque totale en ce qu'ils croyaient pourtant très fort autrefois. C'est le désir de la culture nouvelle au prix de l'abandon de celle qui les a fait vivre.

À côté d'eux, il y a ceux de leur âge, ceux qui ont vécu des mêmes valeurs et qui ne peuvent se permettre de flirter avec d'autres parce que tout leur système de vie est axé sur l'attachement à leur culture. Ceux d'une institution professionnelle ou religieuse; ceux d'une lignée familiale, même s'ils sont peu nombreux; ceux qui jouissent d'un certain et quelconque privilège. Ceux-là vont défendre le passé et sa culture au nom de leur protection et presque de leur survie. Ils n'ont pas besoin de comprendre les autres: ils ne peuvent que les refuser.

Les institutions sont les plus menacées: l'Église, la famille, les traditions. Le problème ne se trouve pas dans le refus mais dans l'incompréhension. Parce que certains démissionnent par incompréhension; comme d'autres se ferment par incompréhension. On accepte tout ou rien pour la même raison: l'incompréhension de l'autre. On condamne par incompréhension. On rit à cause de l'incompréhension. Et on vit dans l'incompréhension. Vous connaissez sûrement des gens qui ne veulent surtout pas comprendre ce qui se passe en eux ou chez les autres. Parce que connaître et comprendre risquerait de les déplacer, de les désinstaller, de les mettre en doute, de les interroger.

La première conséquence négative de l'affrontement des cultures se trouve dans l'incompréhension acceptée. C'est l'inconscience sereine, l'innocence béate.

Il n'y a pas là de jugement: c'est un fait. La difficulté de compréhension mutuelle entre ceux de la culture d'hier et ceux de la culture d'aujourd'hui est si grande que ou on se refuse sans comprendre ou on s'accepte sans comprendre: on est trop différent l'un de l'autre pour se donner le temps de se bâtir une affinité. Pas un adolescent n'entreprendra d'expliquer le drame de Janis Joplin à ses parents; ils n'ont rien compris, ces pauvres enfants, quand leurs parents ont voulu les sensibiliser à Maria Chapdelaine. Ils ne parleront pas de libération à ceux qui vivent par devoir. À moins que les parents abdiquent; ou que les enfants fassent semblant. On trouve autant des uns que des autres.

C'est trop difficile de comprendre le passé parce que c'est trop difficile de s'intégrer au présent. Pour les uns comme pour les autres. Car il s'agit d'être fidèle à ce que l'on est tout en acceptant l'influence des autres.

Pour les uns, l'agression du présent est tellement insupportable qu'ils rêvent de refaire le passé. Ce n'est pas une question d'âge: on peut se référer à un passé inconnu dont on fait un avenir luisant. C'est vrai que l'attachement à la tradition se retrouve davantage chez ceux qui l'ont connue; mais il n'y a pas que les gens de la culture d'hier qui refusent le présent: on peut refuser le mouvement autant dans la paix du soir que dans le soleil du midi.

On parle, présentement, d'un récent «virage à droite» dans certains domaines: au plan scolaire, notamment, mais aussi au plan religieux ou social. On dit que l'évolution s'est faite trop rapidement, que le pendule a atteint une extrême et qu'il doit maintenant revenir de ses excès pour atteindre un juste milieu. On s'ennuie de la stabilité du passé; on craint l'affolement du mouvement.

En éducation, l'évolution s'est faite dans un sens unique: celui qui éloigne du passé. On en avait assez des programmes rigides, des absolus de l'évaluation, de l'enrégimentation pour élèves et professeurs. Maintenant, au moins chez les parents et dans les études du ministère, on se dit qu'il faudrait peut-être revenir à certaines habitudes d'autrefois, avec un peu plus de discipline, plus de vérification, plus d'exigences... Quand certains tentent de refaire le lien avec quelques valeurs du passé, on parle de «virage à droite».

Pourquoi cette expression? Parce que la droite porte à fleur de peau son identification péjorative d'immobilisme. Parce que personne ne veut se faire traiter d'immobiliste. Parce qu'on n'a pas appris à faire un lien logique entre valeurs d'hier et d'aujourd'hui. On traîne la condamnation réciproque.

C'est vrai qu'il existe, ce mouvement de regard vers l'arrière. Mais il n'est pas encore un virage à droite: il est simplement une tentative de lien à faire, de pont à jeter, de cultures à rapprocher. C'est l'ignorance des uns et des autres qui engendre le refus.

Si ceux qui s'affrontent pouvaient se donner une référence commune. Par exemple, un même maître à penser...

C'est gênant, avouons-le, de n'avoir comme guru ou comme leader intellectuel que l'animateur de radio ou le commentateur de télévision. C'est gênant de n'avoir à écouter, tous tant que nous sommes, que des chansonniers ou des imitateurs, pour savoir comment penser et comment s'engager. C'est gênant de croire que les slogans nous influencent et que les idées que nous défendons nous viennent de ceux qui chargent tant la pièce pour leurs bonnes idées. Admettons-le: nos vedettes, chez nous, se trouvent plus dans les sports et les variétés que dans la matière à penser.

La culture de masse engendre des leaders à son image, c'est-à-dire des leaders dont on soigne l'image. Des leaders du medium, c'est-à-dire plus du contenant que du contenu.

Le lien entre les deux cultures se fait, parfois, quand un leader intellectuel, riche d'une culture traditionnelle, sait utiliser le medium d'aujourd'hui.

Ces hommes existent, on les trouve à l'occasion. On peut se rappeler le professeur Henri Guillemin, qui enthousiasmait les téléspectateurs autant par la qualité de son information que par ses méthodes de transmission. Il avait quelque chose à dire et savait le dire. Il se référait au passé, à Napoléon ou même aux auteurs classiques, à ceux qui faisaient partie du programme obligatoire de nos études; et il maniait parfaitement les moyens de communication. C'est rare, mais ça existe.

Le problème, avons-nous dit, n'en est pas un de connaissance mais de mentalité. On peut utiliser les mass media pour répéter des choses figées dans le temps. Certains, *preachers* américains, certains guérisseurs religieux, certains animateurs de groupes mystiques ont réussi l'expérience.

C'est donc dire que l'on s'illusionne souvent sur la relation que semblent établir les deux cultures. Ce n'est pas vrai que la population y est semblable et que les chefs des cultures opposées ont su trouver un remède à l'imperméabilité actuelle. C'est pourquoi la culture de masse ne réussit pas à se donner des racines; et la culture traditionnelle se perd dans le folklore.

L'incommunicabilité engendre l'inquiétude. L'inquiétude engendre une fausse assurance, qui, à son tour, transmet des attitudes d'intolérance, de petite autorité, d'affirmations absolues. On trouve de plus en plus d'ignorants, c'est-à-dire de participants à la moisson exhubérante de la culture de masse, prenant des attitudes orgueilleuses de caporal et de sergent. La nouvelle élite se fait facilement détestable, encore plus que celle d'autrefois. Le vrai retour de la droite se trouve à ce niveau : pas à celui des connaissances, mais à celui des attitudes.

On permet à tout le monde d'être différent de soi ; à la condition que ça ne touche pas ses habitudes. On parle de tolérance : c'est tout simplement de l'incapacité d'échange. On parle d'évolution qu'il faut accepter : c'est parce qu'on ne sait pas à quoi s'accrocher. On prône une plus grande permissibilité : c'est pour se donner le droit de chercher son identité.

L'espoir que peut transmettre la culture des mass media se trouve peut-être au fond de ses défauts. Si elle pouvait les transformer pour former un certain bilan positif, elle saurait donner un sens humain à la culture d'hier.

Un sens humain...

La culture de masse engendre une mentalité qui est près du présent, près de l'homme actuel, près de ce qui se touche et se voit charnellement. Elle donne une sensibilisation au présent. Elle incarne, tout simplement. Ce qui est bien différent de celle d'hier.

C'est peut-être parce qu'on en avait assez de la désincarnation de la connaissance qu'on a si facilement accepté une culture nouvelle. On ne passe pas sa vie à trouver belle une poésie écrite par des auteurs des siècles passés : on a le goût de trouver une poésie dans la description de ce que l'on voit, goûte et touche.

La culture de masse en est une de présence. Elle met en valeur l'homme vivant. Elle sensibilise à la personne plutôt qu'aux choses. Elle est finalement près d'une connaissance respectueuse de l'homme.

La culture de masse a plein de défauts. Mais elle touche davantage l'essentiel de l'homme d'aujourd'hui : sa propre réalité.

Finalement...

Au bout du compte, la culture de masse ne représente pas un ensemble de connaissances nouvelles, autrefois inconnues du monde. Non, elle commence par distribuer à tout le monde ce qu'une autre culture réservait à des privilégiés.

Mais comme tout ce que l'on distribue à des foules, la culture de masse a ses dénominateurs communs, les plus larges ou les plus communs possibles, pour toucher les plus grandes foules possibles. Pas à cause de la société de consommation: le phénomène est identique dans les pays socialistes. La culture qui se transmet répond à une certaine attente de l'homme d'aujourd'hui. Ce n'est pas la publicité qui lui donne le goût de connaître, même si, chez nous, c'est elle qui le lui permet.

Ce qui lui manque?

Un peu d'ensouchement, dirait Jacques Grand'Maison...

Il est inutile et idiot de refuser globalement la culture qui fait son chemin sur les ondes et sur les images. Ceux qui profitent du cinéma seulement pour se détendre passent à côté de la vie qu'on y raconte et décrit. Ceux qui utilisent leur poste de télévision uniquement pour profiter des valeurs d'autrefois, celles de la culture traditionnelle, s'emploient à perpétuer et même à creuser le fossé qui sépare les deux cultures.

S'il y avait moyen d'ensoucher la culture nouvelle en lui signifiant son passé, en lui offrant des assises, en lui suggérant une raison. On pourrait peut-être donner alors une sensibilité à ceux qui ne vivent que de valeurs anciennes et une profondeur à ceux qui ne connaissent que celles d'aujourd'hui.

L'évolution sociale québécoise est culturelle.

Certains l'identifient comme politique. D'autres, comme nationaliste. D'autres, comme religieuse. Non, elle est culturelle. C'est-à-dire que nous avons été projetés, comme d'autres mais plus rapidement et plus radicalement que d'autres, du monde culturel élitiste traditionnel à celui de l'abondance de la culture populaire, offerte à tous. On a tout découvert d'un coup: pas surprenant qu'on ne saisisse pas tout d'un seul coup et que l'on rejette assez cavalièrement les valeurs qu'on associe au passé.

Pour faire un lien entre hier et aujourd'hui, il va falloir faire comprendre à ceux d'hier que ceux d'aujourd'hui ont des choses à leur dire; et vice versa. Pour qu'ils s'écoutent et se respectent, il faudra peut-être retirer à chacun l'inquiétude de la dépossession.

3

SENSUALITÉ

Au temps où j'étais professeur, entre la session régulière et la session d'été, j'utilisais mes vacances à diriger des groupes de voyageurs un peu partout dans le monde. J'ai rencontré ainsi des gens fort intéressants, qui apprenaient la vie en découvrant des civilisations diverses, différentes, intrigantes. Et moi, j'apprenais la vie en les regardant vivre. Je me rappelle, à ce moment-ci, deux situations qui se répétaient à chaque voyage et que j'ai mis du temps à bien interpréter.

Quand un groupe traverse un pays, il lui faut un autocar. Le chauffeur et le «courrier», ce guide local qui précise les détails du programme, choisissent ensemble un certain nombre d'arrêts. À cause d'un paysage exceptionnel, d'un château qui raconte une autre époque, d'une église ou d'un palais, d'une rivière ou d'une montagne. Avant d'arrêter, le courrier décrit le sens de cette curiosité imprévue qui s'ajoute aux visites rituelles et aux monuments officiels. On se prépare à se remplir les yeux, l'imagination et le cœur d'un nouveau plaisir, penserez-vous.

Mais non. On n'est pas habitué à ça.

On descend du car. On regarde autour pour chercher un kiosque ou un vendeur de diapositives. Si l'endroit attire un certain nombre de touristes, on trouvera un marchand prêt à vendre à un prix excessif les photographies du lieu qui prend ainsi une plus grande importance. On s'approche, on négocie un prix, on achète. Puis on regarde les photos et on tente de les identifier au paysage qu'on a sous les yeux. On espère que la réalité sera aussi belle que la pellicule. De toute façon, on rapporte le souvenir : on découvrira la réalité plus tard.

Parfois, on ne trouve pas de marchand de photos : il n'y a que quelques vendeurs de *coca* et de chocolat. Il faut alors prendre son appareil photographique et se résigner à capter de son mieux le souvenir de ce que l'on dit unique. On photographie son compagnon ou sa compagne avec, comme fond de scène, le palace ou le pic enneigé. Et après, après l'échange des appareils et des personnes, on regarde...

Et je disais, chaque fois, à l'un ou à l'autre de ces photographes préoccupés de bien remplir la narration de leur voyage à l'assemblée de leurs amis : « Êtes-vous certain de bien profiter de ce que l'on vient de voir..? Vous pourriez tenter, une autre fois, de changer l'ordre des opérations. D'abord, en descendant, cherchez de vos propres yeux ce qui mérite votre attention. Si vous découvrez des choses qui plaisent à vos yeux, laissez-les en profiter pleinement. Si vraiment ils sont touchés de façon particulière, ils vont alors vous transmettre une émotion, un sentiment, que vous ressentirez dans votre corps et dans votre tête et dans votre âme. Vous goûterez un doux plaisir de satisfaction, vous serez saisi par une sensation nouvelle, étrange ou unique, qui vous marquera de façon spéciale. Une fois rempli de cette sensation, prenez alors votre photo. Si vous craignez de ne pas la réussir à cause d'un mauvais éclairage ou d'un brouillard gênant, peut-être pourrez-vous acheter une ou deux diapositives. L'important, c'est de rapporter un souvenir du sentiment que vous avez eu devant ce paysage ou cette maison. Il vous faut simplement une aide visuelle pour faire revivre la première émotion. Le beau souvenir, ce sera de recréer la même sensation. La photo, c'est beaucoup pour ça... »

J'ai souvent eu du mal à convaincre mes compagnons. Et ce n'est surtout pas mon monologue trop rationnel qui pouvait prouver quoi que ce soit. Je suis parvenu à un certain succès de persuasion quand je m'appliquais à « voir à haute voix ». Je disais et décrivais ce que je découvrais et ressentais. J'ai parfois réussi à intriguer l'un ou l'autre qui a tenté, alors, de mieux voir, de bien voir, de vraiment voir. Parce que c'était ça, le problème : on n'avait pas l'habitude de voir, de saisir une beauté et de se l'approprier, d'en jouir et d'en profiter avec tout son être. Il manquait le goût du sens, l'abandon au sensuel, l'utilisation de la sensualité pour remplir son esprit et son cœur.

Autre exemple, probablement plus raisonnable et plus facilement explicable dans notre contexte. Mais qui, lui aussi, manifeste notre difficulté à s'offrir le plaisir des sens. Dans les pays arabes, le marchand qui veut vous attirer vers sa boutique pour vous vendre sa camelote, dira, devant votre refus d'entrer chez lui : « Pas pour te vendre, juste pour le plaisir des yeux... » Il ne sait pas, le pauvre, que bien des riches occidentaux n'ont pas appris à s'offrir le luxe de ce plaisir...

Vous pouvez vous trouver devant les portes de cuivre du baptistère de Florence ou devant le Taj Mahal d'Âgra ; devant les colonnes de l'Acropole ou devant le bouddha en or de Bangkok ; devant un jardin japonais ou devant la pyramide de Khéops, partout, vous entendrez la remarque typique qui sort du cœur du Québécois voyageur. Ou bien : « Y'a du travail là-dedans... » Ou bien : « Ç'a dû coûter ben cher de faire ça... »

Remarquez que les deux remarques sont justes, ordinairement. D'autant plus que les guides de tous les pays s'empressent de donner une réponse exhaustive à ces exclamations spontanées. Vous pourrez avoir oublié l'architecture du Taj Mahal mais vous rappeler qu'il a fallu 20 000 hommes, pendant 20 ans, pour transporter de Jaipur à Âgra le marbre nécessaire à la construction du mausolée, etc., etc. C'est vrai qu'il a fallu beaucoup de travail et d'argent pour parvenir à ériger cette merveille...

Mais justement, on voit derrière la merveille sans bien la voir elle-même. Serait-il possible de se laisser toucher par la beauté sans devoir faire de calcul ? S'offrir un plaisir des yeux qui soit gratuit ? Se laisser envoûter par la perfection architecturale du Taj Mahal sans même savoir son histoire ? Goûter la beauté pour le seul plaisir de la beauté ? Trouver quelque chose beau uniquement parce que c'est beau ?

En entendant les remarques en référence aux calculs de temps et de prix, je me disais que cette réaction était tout à fait normale. Chez nous, on a assez peiné pour obtenir le peu que l'on a, on a assez travaillé pour s'offrir ce qui coûte un tout petit peu cher, qu'il est logique qu'on se réfère au travail et à l'argent.

Plus que cela, nous sommes marqués par toute une société, de riches comme de pauvres, qui octroie une valeur aux choses à partir de ces uniques critères. Pensez au Petit Prince de Saint-Exupéry. Quand il décrit une maison par sa forme et ses couleurs, il ne touche personne. Il faut qu'il dise un prix pour qu'on s'exclame : «Oh, comme ça doit être joli... »

La beauté seule ne sait pas séduire, et pour bien des raisons. Une de ces raisons rejoint le défaut des voyageurs qui oublient de voir : on a du mal à s'habituer au simple plaisir des yeux. On n'a pas l'habitude de laisser ses yeux se remplir d'une beauté de façon absolue, sans référence à des critères pragmatiques ou simplement matériels. Pour se laisser envahir par la beauté, il faut être capable de se laisser pénétrer par ses sens, il faut ouvrir la porte des sens, il faut utiliser les sens pour que la chose touche l'âme, sans calcul, presque sans raison.

«Rien dans l'intelligence qui ne soit d'abord dans les sens», disait Thomas d'Aquin. Oui ; mais parfois, on a tellement peur des sens, on a tellement de façons et de drôles de raisons de les retenir et de les réprimer, qu'on risque de les étouffer. On risque de fausser la nature et de n'offrir que bien peu de chose à l'intelligence. On risque de manquer d'incarnation, de participation. On risque de laisser échapper bien des dimensions de vie.

Et si un jour, on découvre les voies des sens, on découvre alors des valeurs nouvelles.

Au chapitre des valeurs nouvelles de la génération présente, la sensualité occupe l'un des premiers rangs. Pour le meilleur, ordinairement ; pour le pire, parfois. C'est à cause de l'un et de l'autre qu'il y a conflit entre les générations d'hier et celles d'aujourd'hui. Une telle valeur conditionne tellement la totalité de l'être, à cause de l'importance totale des sens dans la vie de la personne, que les affrontements se font à coups d'intolérance et de condamnation. C'est elle qui a engendré la censure et bien d'autres choses. C'est elle qui sépare encore bien des gens de chez nous.

Le manque d'habitude

C'est ordinairement ce que l'on dit: quand on n'a pas su, ou pas pu, s'approprier une certaine valeur, on avoue simplement qu'on n'a pas l'habitude de ceci ou de cela. On peut donc affirmer que beaucoup de gens n'ont pas développé l'habitude d'utiliser leurs sens. L'un ou l'autre des cinq sens; souvent, ordinairement, les cinq à la fois.

On n'a pas eu l'habitude de bien sentir les odeurs fines. Passe encore pour celles qui remplissent un milieu en l'envahissant. Mais pensons à ce qui est plus délicat. Même en faisant semblant, aujourd'hui, on se convainc mal soi-même. Combien de personnes, par exemple, parmi la grande majorité de ceux qui boivent du vin au restaurant, pourront vraiment se prononcer sur la qualité d'une bouteille simplement à partir de son bouquet? Combien pourront déceler une petite maladie, qui rend le vin imbuvable, en mettant leur nez au-dessus du joli verre ballon? C'est vrai, on n'a pas l'habitude, encore, des vins fins. Alors, on n'a pas l'habitude de les apprécier à leur bouquet. On n'a pas l'habitude de «s'enivrer» doucement, simplement à l'odorat. On a bien davantage l'habitude de s'enivrer sans sentir ni même goûter.

Goûter? En empilant tout sur une fourchette, viande, légumes, pommes de terre et sauce? Après quatre *gin and tonic* et un gros cigare?

Je me souviens d'un de mes premiers déjeuners du dimanche midi, en France, chez des amis qui m'invitaient toutes les semaines où j'étais libre, au temps de mes études. Je me souviens d'un rôti de bœuf, bien à point, avec sa sauce, dans mon assiette, sans les légumes que j'avais vus cuire.

Je mange la viande... et je laisse obligatoirement la sauce. Parce que je ne vois pas comment en profiter, sans légumes ou pommes de terre à imbiber. La bonne maman de mon ami me dit: «Vous n'aimez pas la sauce...? Si oui, il faut tremper votre pain et aller la chercher... Les légumes, on les sert après, pour bien goûter la viande dans sa sauce et ensuite, les légumes dans leur jus...» Moi qui avais appris, à la maison, à ne jamais tremper mon pain dans mon assiette, qui avais toujours tout mangé en même temps, qui savais plus faire ce qu'il faut faire que goûter ce qu'il faut goûter... J'ai appris à me donner le plaisir de goûter. Je n'en avais pas l'habitude.

Est-ce qu'on sait mieux écouter aujourd'hui qu'hier? Pas certain. On a de bien meilleures chaînes stéréophoniques, de plus grandes possibilités d'entendre plus de choses diverses, variées, parfois bizarres. Mais moins d'occasions d'écouter le silence, le chant d'un oiseau, le vent dans une cheminée.

Le passage de l'oreille fonctionnelle à l'oreille sensuelle est en relation avec la démarche des autres sens. Une oreille peut être efficace: elle sert l'intelligence et même la communication avec les personnes. L'oreille sensuelle apporte une communication avec les êtres qui parlent à voix basse, qui chuchotent. Elle est plus une sensibilité qu'une fonction véritable. Elle fait partie de l'ensemble des autres sens.

Comme le toucher: on peut avoir saisi bien des choses sans jamais les avoir touchées. C'est une sensibilité que l'on s'offre ou se refuse.

Le toucher est le sens contre lequel on s'est le plus défendu. Parce que c'est lui qui exprimait les hautes sphères de la sensualité. Et c'est principalement à cause de lui que dans notre contexte, comme dans d'autres, la sensualité est devenue synonyme de sexualité, et la sexualité, synonyme de péché.

En fait, c'est tout le problème de la morale que l'on pose dans ces mots. La morale traditionnelle a développé ses lignes de force à partir d'un ensemble de préceptes qui obligeaient les sens, à cause de cette terrible équation, à beaucoup de retenue et de réserve. Les sens étaient suspects parce qu'ils menaient au péché. Les sens ont eu mauvaise presse. Les sens ont été les ennemis de l'âme, bien plus que ses fenêtres. Pas surprenant qu'on n'ait jamais pris l'habitude de les utiliser.

Si la sensualité nouvelle prend forme dans notre société et se présente comme valeur importante, il faut connaître le contexte moral dans lequel elle a évolué et se développe maintenant. En fait, c'est peut-être l'évolution de la morale qui fait apparaître cette valeur nouvelle.

La morale traditionnelle

Je ne tenterai pas de faire l'histoire de la morale; je ne tenterai surtout pas de juger des éléments divers qui la composent. Qu'il suffise de voir les caractéristiques de la morale occidentale, avec son contexte. Les valeurs morales naissent dans un monde qui les explique. Si la sensualité n'a pas existé, comme valeur, chez les générations passées, c'est probablement à cause d'un milieu social et d'une morale.

On risque parfois de trop isoler le Québec, une région ou un pays, quand il s'agit de définir ses valeurs de base. On sait pourtant très bien les affinités qui existent entre tous les pays d'Occident quant à la morale qui a influencé leur vie.

L'Europe a découvert et peuplé l'Amérique. Même sans trop de communications, même dans des situations de vie totalement différentes, les gens d'Europe et d'Amérique ont connu le même système de valeurs. À la base, ce sont des valeurs chrétiennes qui s'imposaient et réglaient les valeurs morales. Au Québec, les maîtres français transmettaient leur influence. Ailleurs au Canada ou aux États-Unis, c'étaient des Anglais, des Allemands ou des Hollandais qui influençaient la vie des colons. Si bien que finalement, après deux siècles de colonisation, les gens de nos villes et de nos provinces se référaient aux mêmes valeurs que leurs maîtres du moment ou même du passé. Dans le monde chrétien, on a connu pendant longtemps une certaine unanimité morale. Avec des accents de puritanisme chez les uns et de laxisme chez les autres. Mais globalement, la morale occidentale avait fait une certaine unité.

La chose peut surprendre : comment catholiques et protestants, qui souvent ne se parlaient pas, parfois se battaient entre eux, et ordinairement tentaient le plus possible de s'ignorer, auraient-ils pu s'entendre sur ce plan ? Probablement parce que l'accord correspondait à un besoin social, à une tradition civile autant que religieuse, où l'essentiel religieux se faisait garant d'une bonne société.

Car pour tous, la morale était religieuse.

Mais en même temps, elle était bourgeoise. C'est-à-dire qu'elle définissait les honorables coutumes de la haute société, elle réglait l'agir social de l'ensemble. La morale religieuse servait la vie profane. Elle assurait le bon ordre, les convenances, les impératifs. Il n'était pas nécessaire d'être religieux pour endosser cette morale : le contexte social l'imposait. C'est ainsi que la morale catholique et la morale protestante se trouvaient réunies, avec leurs différences, dans un certain consensus social.

C'est ainsi, également, que l'État devait protéger la morale religieuse parce qu'elle définissait le bon ordre social. Un enfant né hors du mariage était appelé un bâtard, avec tout ce que cela signifiait de scandaleux. Non seulement était-il mis de côté au plan religieux, à cause de l'erreur de ses parents, mais il était identifié comme tel au registre civil. L'État avait pleinement adopté la morale religieuse ; il pouvait même l'utiliser à ses fins.

C'est d'ailleurs ainsi qu'est née la censure : pour que l'État protège son ordre en utilisant des règles religieuses. Quand, en 1947, Maurice Duplessis empêchait la projection du film « Les enfants du paradis », il se servait d'une censure arbitraire, créée pour la défense de la morale religieuse, afin d'imposer ses vues à l'ambassadeur de France et à ceux qui voulaient manifester une certaine liberté face aux valeurs traditionnelles du Québec. La censure utilise souvent des références religieuses pour protéger l'État. C'est que les valeurs morales et les coutumes sociales se confondent. C'est en morale que l'État et la religion ont longtemps connu leurs meilleures rencontres.

Mais il est remarquable que ces ententes plus ou moins explicites se font ordinairement au plan de la sexualité. C'est elle qui semble le plus obliger l'État à faire respecter les normes religieuses.

Dans une société comme la nôtre, où le mariage religieux fut longtemps le seul qui s'offrait aux amoureux, les couples non mariés étaient considérés comme pécheurs par leur Église ; mais aussi, comme marginaux par l'État, autant eux que leurs enfants.

La censure cinématographique, ici comme ailleurs, imposée par l'État, a toujours considéré la chose sexuelle comme le danger dont il fallait préserver les foules. Un film de cowboys, avec ses thèmes de haine, sa violence gratuite, son racisme et surtout sa demi-douzaine de meurtres n'a que rarement été mal jugé. Le danger était plutôt dans le décolleté de la danseuse, dans le baiser de la vedette, dans les chambres des amoureux. On pouvait montrer la haine bien plus facilement que l'amour. Pourquoi ? Parce que l'amour fait référence à la sexualité. Et la sexualité, dans la morale bourgeoise de la société, est régie par des normes strictes. Au plan social, évidemment. À un point tel que les normes religieuses semblaient souvent se fonder sur des consensus sociaux. Était permis ce que la société supportait.

Les normes religieuses devenaient alors des tabous sociaux. Conséquemment, l'évolution d'une valeur dépendait autant du contexte social que religieux. Même que le contexte social pouvait dépendre du contexte politique. Finalement, pour comprendre l'évolution d'une valeur, il faut connaître son environnement autant que sa source.

Tout le contexte

C'est ainsi qu'il faut comprendre, du moins en partie, la réticence qui s'exprima pendant longtemps autour de la valeur sensualité. C'est un mélange d'influences, autant sociales que religieuses, qui est responsable de ce qu'elle fut et de ce qu'elle est devenue.

La sensualité est d'abord apparue comme un luxe que bien peu de gens pouvaient s'offrir. Les récits romantiques décrivaient les somptuosités des repas galants, des réceptions des princes, des atours des princesses. Toutes ces descriptions reflétaient un certain ensemble sensuel qui semblait appartenir exclusivement aux cours. La tendresse des sentiments et la vérité du cœur pouvaient se trouver chez tout le monde. Mais la sensualité des rencontres était réservée aux riches.

Qui pouvait goûter aux grands vins? Qui pouvait s'offrir les parfums délicats? Qui pouvait se payer des toilettes vaporeuses? Qui découvrait le monde, la grande musique, les plats exotiques, les soies châtoyantes et les doux cachemires? Les riches, évidemment, et seulement eux. La sensualité ne pouvait appartenir à tout le monde, surtout pas aux gens du peuple.

C'est ainsi, par exemple, que Hollywood a fait scandale tout en attirant les regards du monde. On permettait des choses aux riches, une sensualité exorbitante, ne serait-ce que pour en être un peu témoin. Les extravagances des stars, comme tout le reste du *star system*, étaient des manifestations de sensualité: scandaleuse et attirante. La maison de plusieurs millions de dollars à Beverley Hills, les réceptions orgiaques, où les excès semblaient la norme, tout cela définissait une espèce de sensualité réservée à une caste à part.

Même dans nos petits milieux d'artistes locaux, on acceptait bien des choses qui, pour d'autres, paraissaient impossibles: «la colonie artistique» de tous les centres, petits et grands, se réserve des droits. Parmi ceux-là, le droit des sens. On s'attendait donc aux excès d'usage, principalement chez nos vedettes de théâtre et, plus récemment, de télévision. On leur accordait une part de sensualité inhérente à leur vie marginale.

Mais aussi, et surtout, si la sensualité ne faisait pas partie des mœurs coutumières de la vie du peuple, c'est principalement à cause du péché qui semblait obligatoirement l'entacher. Dans une société unanimement religieuse, la notion de péché, ou de tabou, prend nécessairement une place importante. Et le principal péché, comme le plus grand tabou, de la société québécoise, s'identifiait aux choses sexuelles. Or, chez nous, avons-nous dit, la sexualité englobait totalement la sensualité. La sensualité, c'était le péché de la sexualité.

Il est fort probable que la phase d'hypersensualité que nous connaissons depuis quelques années, avec le succès inouï de films comme «Valérie» et «Les deux femmes en or», avec la vogue d'un certain cinéma *soft core* qui remplit les écrans des plus petites villes de province, avec ce nombre incalculable de journaux à sensation vulgaires, avec cette prolifération des *sex shops* et des bars aux danseuses-serveuses nues, il est fort probable que cela s'explique un peu par le passé.

Le malheur, c'est qu'on mêle tout : les excès de cette hypersensualité qui s'exprime dans la pornographie de bas étage et la sensualité qui rend les sens conscients de leur rôle essentiel, qui les fait instruments de sentiments profonds. On a tout confondu pendant un long moment. Si l'on peut voir ce qui s'est passé, on pourra peut-être mieux tout démêler.

Car le problème vient de là : autrefois, on a associé péché et sensualité. Aujourd'hui, on confond libération et pornographie.

Hier, à cause d'une tradition catholique pas très bien comprise par certains théologiens, à cause d'une morale religieuse où la sexualité a été définie et cataloguée par des maîtres qui avaient refusé toute expression sexuelle, à cause du lien qui va nécessairement paraître, à certains moments, entre le signe sensuel et la satisfaction sexuelle, la sensualité est devenue synonyme de péché. Et comme, dans notre société bourgeoise avec morale à son enseigne, on utilisait le sexe pour définir des règles de bonne tenue et de convenance, tout ce qui touchait la sexualité, de près ou de loin, prenait des proportions excessives. Le sexe faisait rire ; le sexe faisait peur.

Il ne faudrait surtout pas reprocher à l'Évangile la phobie catholique de la sexualité et, en conséquence, de la sensualité. Les tabous sexuels n'existent pas dans l'Évangile. Plus que cela, Jésus les combats. Il se manifeste à la Samaritaine, auprès du puits, mettant comme entre parenthèses le fait qu'elle ait eu cinq maris et qu'elle ne soit pas mariée à son concubin du moment. Il se porte à la défense de la femme adultère. Il se laisse abondamment caresser les pieds par une inconnue qui se sert d'un doux parfum et de ses cheveux pour ajouter à la sensualité du geste. Il préfère la femme qui lui fait la conversation à celle qui travaille pour lui. Il vit tellement dans l'intimité des femmes qu'au matin de Pâques, il apparaîtra d'abord à l'une d'elles qui le reconnaîtra en entendant son nom. Jésus, aujourd'hui comme hier, ferait encore scandale, encore plus qu'autrefois. Il se trouverait bien des moralistes pour le condamner.

À moins qu'on ne se réfère à l'Ancien Testament, principalement aux «commandements de Dieu»... Alors là, tout devient plus gênant. Car une lecture rigoureuse du texte de l'*Exode* et du *Deutéronome* conduit à la conclusion évidente que le fameux «sixième commandement» du petit catéchisme n'existe pas, du moins tel qu'on le connaît : le texte biblique ne mentionne que l'adultère. Il faut bien reconnaître que les commandements de Dieu concernent la relation de justice que le croyant doit entretenir avec ceux qui l'entourent. Il faut bien admettre qu'il y fallait une interprétation très subjective, utilisant une exégèse très peu scientifique pour parvenir aux conclusions des moralistes. En fait, l'Évangile et l'Ancien Testament présentent une «éthique de la rencontre humaine», selon le mot de Jean-Luc Hétu.[1]

---

1. *Quelle foi?*, Leméac, 1978. Il faut lire tout le chapitre sur «Jésus et la sexualité».

Il ne faut donc pas identifier l'Écriture et l'interprétation qu'on en a faite. C'est donc plus un contexte, plus un milieu ambiant qui a décidé d'entacher la sensualité de péché, que la foi chrétienne. Le milieu ambiant, c'est celui que plusieurs pays ont connu, en Europe et ailleurs, et particulièrement le Québec, où l'on a mis un accent presque maladif sur le péché de la chair.

«Vivre dans le péché», ce n'était pas entretenir la haine dans son cœur, mais vivre avec un partenaire que l'on aimait en dehors du contexte social et religieux. «Un enfant de l'amour», c'était celui qui était né du péché, c'est-à-dire d'un couple qui s'était uni par amour. «Entretenir une mauvaise pensée» n'avait rien à voir avec la vengeance ou la rancœur, l'envie ou la jalousie, le vol ou l'injustice. Non. Cela signifiait uniquement penser à un corps, à une union, à un geste d'expression de rencontre ou d'amour. Et l'obligation d'aller à confesse s'est toujours identifiée aux péchés de la chair. À un point tel que beaucoup de gens, même aujourd'hui, disent que s'ils n'ont plus besoin de se confesser, c'est que l'âge leur a retiré le désir en même temps que la puissance sexuelle. Même s'ils passent leur temps à dire du mal des autres et à se replier sur eux-mêmes...

Tout cela pour dire que dans ce contexte où la sexualité s'identifiait presque à l'unique péché, ou, pis encore, dans ce monde où le péché trouvait son identité quasi totale dans la sexualité, tout ce qui s'approchait de ce mal infâme ne pouvait qu'en être dangereusement teinté. La sensualité a souffert du mal de la sexualité. Et ce mal était le plus grave.

Le développement des sens

Soudain, assez subitement, chez nous, les sens ont connu un nouveau droit de cité.

L'Exposition internationale de 1967 a sûrement accéléré le processus. Tant de beauté «pour le plaisir des yeux», tant de sons nouveaux, tant de rapprochements physiques, tant de douceurs inédites, tout cela s'impo-

sait d'un coup à un monde qui avait connu trop de frustrations. L'Expo '67 peut être considérée comme une
grande réussite canadienne au plan international: nos
artisans et nos artistes, et surtout nos techniciens et tout
notre génie, étaient enfin reconnus. Mais nous, nous re-
connaissions le monde sensible. Nous nous laissions
sensibiliser, nous ouvrions nos sens, nous déculpabili-
sions nos sens, nous leur donnions enfin un plaisir, nous
les laissions nous parler.

Pourquoi Terre des Hommes a-t-elle subsisté ? Parce
que les Montréalais la voulaient. Ils s'étaient habitués à
la beauté et à la découverte sensuelle. Ce ne sont pas
les pièces d'exposition des pavillons qui attirent les
foules. C'est bien plus un décor, un ensemble, un milieu
ambiant qui offre une sensation. C'est le plaisir des sens
qui trouve satisfaction.

Pour parvenir à la maturité, les sens ont besoin d'un
certain raffinement: les parfums des bois, des fleurs ou
des femmes, ne se sentent qu'à l'aide d'un nez délicat,
un peu habitué aux bouquets subtils. Les exigences de
notre vie passée ne nous ont pas toujours permis d'atteindre à certains niveaux de délicatesse de vie: il fallait vivre
pour survivre. Aujourd'hui, depuis quelques années, une
vie beaucoup plus facile pour beaucoup d'entre nous invite au raffinement.

Mais il va de soi que si une certaine tradition religieuse a pu réfréner la sensualité pendant longtemps,
une évolution de la pensée religieuse, à ce sujet, ne pourra qu'en faciliter le développement. Or, depuis le Concile,
en Occident, depuis 1960, au Québec, la pensée religieuse a beaucoup évolué. Et c'est probablement cette
évolution religieuse qui a le plus influencé l'apparition de
la sensualité dans nos mœurs.

Cela s'est fait de deux façons. D'une part, par ceux
qui ont participé à la nouvelle réflexion théologique en
fidélité avec le monde chrétien. D'autre part, par ceux
qui se sont libérés de leurs attaches religieuses.

Les premiers ont découvert l'Évangile au-delà du
petit catéchisme. Les nouveaux manuels de catéchèse

québécois, qui ont connu le succès dans plusieurs autres pays, ont fait œuvre de libération. La morale a pris une autre forme, la foi s'est montrée avec un nouveau visage. Les enfants qui bénéficiaient du nouvel enseignement catéchétique découvraient une libération dans le message évangélique.

Cela reflétait la recherche d'un certain groupe de théologiens, dont plusieurs se trouvaient à l'Institut supérieur des Sciences religieuses de l'Université de Montréal au début des années '60, qui travaillaient en collaboration épisodique mais efficace avec des professeurs de Paris et de Bruxelles, et qui enseignaient à des enseignants du Québec. La nouvelle morale, le nouveau sens du péché, et, surtout, l'étude de l'Évangile et de l'Écriture ont contribué à la déculpabilisation de la chair et à la libéralisation des sens. La réflexion théologique se spiritualisait en s'humanisant. Elle touchait le cœur par les sens.

Chez les croyants, la sensualité pouvait se libérer de son enveloppe peccamineuse. Tout au moins, chez les croyants qui commençaient leur réflexion morale. Ou chez ceux, comme les parents et les enseignants attentifs, qui voulaient bien se laisser sensibiliser par le courant qui entraînait les enfants.

Un tel enseignement avait bien ses adversaires. Un Marc Oraison, par exemple, qui osait intégrer une réflexion scientifique, psychologique ou simplement médicale, aux normes traditionnelles de la sexualité, a dû souffrir beaucoup. Et ceux qui tentaient de signifier que «LE PÉCHÉ» le plus grave ne se trouvait pas dans le sexe mais dans la haine, que les sens étaient au service de la totalité de la personne, qu'il fallait cesser de se croire vertueux en marchant les yeux fixés à terre pour éviter de voir la beauté d'une femme, d'une peinture ou d'une statue, ceux-là ont connu les dénonciations de bons chrétiens qui souffraient, de leur côté, de voir s'effondrer la paroi sécuritaire de leur rigidité morale.

La réflexion théologique, qui n'osait pas trop se dire à haute voix par peur des condamnations mais qui continuait à s'élaborer solidement, a servi ceux qui voulaient demeurer attachés à leur foi sans renoncer à l'évolution de la raison. Aujourd'hui, on ose écrire ce que l'on croit se rapprocher davantage de la vérité, même si la recherche contredit une tradition et risque de troubler des inquiets. C'est donc le rapprochement qui se fait entre la recherche théologique et l'Évangile qui a permis, chez plusieurs, la purification des sens. C'est la raison qui a donné aux sens leur rôle véritable. Ce ne sont pas eux qui se sont imposés, comme on aime parfois le laisser croire; c'est la réflexion et la raison qui ont permis leur première et très saine libération.

Mais il y a aussi les autres. Ceux qui ont subi un enseignement moral rigoriste, comprenant l'étouffement des sens, et qui se sont rebellés. Qui ont souffert et qui ont choisi de se libérer de tout contexte religieux pour s'assurer de ne plus se voir limiter dans leur être. Ceux-là ont donné, à leur façon, un nouvel élan à l'expression des sens. Et cette expression trouve ses excès de libération dans le souvenir des excès de frustration d'autrefois.

Récemment, j'entendais une femme rappeler des souvenirs de couvent. Par exemple, alors qu'elle était toute jeune et toute innocente, on l'obligeait à prendre son bain avec sa robe de nuit sur le dos... Et plusieurs autres souvenirs semblables qui en rappelaient de plus étranges. Et subitement, d'autres personnes se sont mises à en mettre et à en remettre, à exagérer de toutes les façons, en contant des souvenirs traumatisants, tellement marquants qu'elles ne se rendaient pas compte de leurs joyeux mensonges. C'était la frustration qui parlait, la souffrance qui sortait.

Ces gens, qui ont connu la déviation des sens très jeunes, ont souvent du mal à leur donner une juste trajectoire maintenant. Plusieurs s'en sont sortis. Certains se vengent.

Pour la majorité, le problème se trouve dans l'ignorance d'une juste notion. Pour eux comme pour leurs enfants, les parents ne savent pas ce que peut être une juste notion de sensualité, qui serait libérée d'excès passés et qui respecterait une morale d'aujourd'hui.

Plusieurs ont conservé leurs images d'autrefois, dont ils accusent l'Église d'aujourd'hui. Plusieurs ont même gardé leurs craintes et ne fuient le péché de la sensualité qu'en se convaincant de l'inexistence du péché.

On a plein de gens qui ont choisi la sensualité par agressivité contre la privation du passé. Il y a d'ailleurs plein de gens qui ont choisi l'agressivité religieuse à cause de l'identification qu'ils font entre morale sexuelle et religion. Comme pour se venger de la confusion d'autrefois entre sensualité et péché. Aujourd'hui, à cause de traumatismes plus ou moins entretenus et d'une émotivité mal orientée au départ, le souvenir de morale sexuelle inhibante demeure un facteur important de l'anti-religion.

On pourrait n'en prendre pour preuve que le succès-scandale des «Fées ont soif». On ne reprendra pas ici le débat et encore moins l'analyse de la fameuse pièce. Mais il faut se souvenir que c'est, en filigrane, la morale sexuelle qui est prise à partie, bien plus que le dogme de l'Immaculée-Conception ou de la naissance virginale ou quelque autre image de la Vierge. C'est de la morale sexuelle traditionnelle que le mouvement féministe cherche la délivrance.

Au Québec, ceux qui voulaient exprimer la libération ont choisi le symbole sexuel. Notre premier cinéma commercial l'a bien démontré. Le succès de «Valérie» s'explique par le besoin de libération de la population. On voulait affranchir la sexualité, en faire un spectacle qui dépasserait les scènes gênantes des boîtes de nuit douteuses. Un film en couleur, avec une prétention de direction et d'interprétation, avec des gens «bien», des acteurs véritables et un emballage attrayant: c'était tout ce qu'il fallait pour donner un certain statut social au phénomène du déshabillage public. «Valérie» a eu le mérite de poser le problème de la sensualité de l'image: le débat fut violent, au départ. Mais il lançait la discussion.

Pour la majeure partie de la population, la sensualité s'est imposée brutalement, par l'exploitation commerciale, souvent par le mauvais goût ou même par le ridicule. Il suffit de penser à la vulgarité de plusieurs films québécois, qui ont tenté d'exploiter un filon qui n'était, de fait, qu'une amorce, qu'une ouverture à autre chose.

Aujourd'hui, on retrouve un peu de tout.

Il y a encore de ces gens attachés à leur notion du péché de la chair, celui qui touche la sexualité de presque tout le monde. Il y a ceux qui ont choisi la pornographie comme expression nouvelle de la sexualité. Il y a ceux qui se sont sensibilisés à la sensualité par l'utilisation normale des sens. Aujourd'hui, il y a encore de nombreux combats, non seulement sur la place publique mais surtout dans les consciences, chez les tenants de ces options. C'est pourquoi la sensualité, n'est pas encore une valeur «calme». Elle se vit dans l'affrontement.

La valeur sensualité existe; contrairement à un temps très récent, elle a droit d'existence. Mais peu de gens l'ont apprivoisée. Et elle n'a pas encore su s'adapter.

L'adaptation difficile

On discute beaucoup, dans les milieux gouvernementaux et cinématographiques, de la possibilité de faire entrer au Canada des films que l'on classifie comme *hard core* et qui sont présentés dans des salles spécialisées aux États-Unis, en France ou ailleurs. Au Canada, ils sont défendus par le Code criminel. Un amendement à la loi pourrait permettre leur distribution dans un certain nombre de salles bien identifiées. Ce serait, d'une certaine façon, la légitimation de la pornographie.

Il va de soi que l'idée rencontre beaucoup d'opposition. La pornographie n'a rien d'esthétique ou d'artistique. Ces films, qui existent ailleurs depuis une dizaine d'années, sont faits avec des moyens très limités, utilisant des acteurs de dixième ordre, racontant des histoires qui sont le prétexte à la manifestation d'exploits sexuels. Ils n'ont qu'un but et il ne leur en coûte que très peu pour y parvenir. Malgré tout, ces films ont souvent fait parler d'eux. Ils rapportent énormément à leurs producteurs et remplissent les salles de cinéma de plusieurs villes d'Amérique et d'Europe.

Ces films sont parfois tournés ou montés en deux versions : *hard core* et *soft core*. Ces dernières sont distribuées dans les salles comme celles, nombreuses à Montréal et même en province, où l'on apprécie ce genre de cinéma que la loi juge acceptable. Même simplisme, même scénario, même mauvaise qualité générale, pour le prix d'admission des grands films, cependant. La différence est dans l'image : le *soft core* n'ose pas tout montrer, il ne fait que suggérer.

À côté de ces films, enfin, on en trouve d'autres qui sont réalisés par des auteurs de talent, qui décrivent une situation de vie véritable et qui utilisent, à certains moments, des images audacieuses pour exprimer la passion ou la violence, l'amour ou ses contrefaçons. L'image est parfois dure, gênante. Mais la situation de vie l'est encore plus. L'image sert une intrigue qui doit s'expliciter.

Tout cela existe. Tout cela est offert au même public qui peut aller y chercher ce qu'il veut : une tranche de vie, une distraction, une soupape à une frustration ou un assouvissement maladif.

Le malheur, quand on ne s'est pas encore adapté à l'expression de la sensualité, c'est qu'on risque de tout accepter ou de tout refuser. D'appeler pornographie ce qui est érotisme, de jeter aux orties l'art avec le vil commercial, d'imposer ses concepts ou ses besoins à toute la société. On risque surtout de salir encore, d'une autre façon, la beauté du corps et la nécessité de la sensualité.

L'érotisme ne peut pas, dans une société humaine consciente de son évolution, de son entourage, de son histoire et de sa personnalité, être exclu de la vie : étymologiquement, il se réfère à l'expression de l'amour physique. Et l'amour physique demeurera toujours l'expression du cœur amoureux, dans les situations normales de la vie des couples.

Mais le mot fait peur. Peut-être parce que l'érotisme est trop souvent employé comme la manifestation débridée de la sexualité. Peut-être parce qu'il se rattache à des manifestations maladives, marginales. Peut-être parce qu'il fait référence à des gestes détachés de l'amour, qui perdent le sens de ce qu'ils veulent signifier. Peut-être, tout simplement, parce qu'il exprime une réalité qui crée le trouble chez plusieurs pour diverses raisons. Ces raisons peuvent s'expliquer par éducation incomplète, par des frustrations morales, par une situation actuelle exceptionnelle, par tout un ensemble social qui préserve ses tabous. Tentez l'expérience : utilisez le mot « érotique » dans une description, et vous verrez des sourires, de plaisir ou d'inquiétude. Le mot choque encore, peut-être plus que la chose. Pour le moment, il demeure une réalité de conversation intime, qui n'est pas encore passée de la chambre à coucher au salon.

Je n'ai ni à en rire ni à en pleurer, je note : l'érotisme, qui fait partie de la vie des gens les plus décents et qui sert à exprimer les plus beaux sentiments, demeure un mot gênant, une entité de voix basse.

Peut-être à cause du mélange dont on parlait plus tôt, à cause de la mauvaise utilisation du mot, à cause, surtout, de la proximité troublante de la pornographie qui risque de tout lui enlever.

L'érotisme exprime un sentiment ; pas la pornographie. L'érotisme exprime l'amour ; pas la pornographie. L'érotisme est inhérent à la vie de tous ceux qui aiment ; pas la pornographie.

La pornographie se réfère à l'obscénité, et l'obscénité s'identifie à la saleté, la malpropreté, la grossièreté. C'est assez grave de tout mêler. Malheureusement, plusieurs le font. Il faut peut-être en accuser le manque d'éducation à ce plan, le manque de connaissance, le manque de réflexion. Ou simplement l'incapacité de conscience.

Une sensualité malhabile

Récemment, je reçois un coup de fil, au journal, d'une femme qui me demande l'authenticité d'une nouvelle parue la veille où l'on disait que le pape Jean-Paul II avait déclaré que «le corps humain est également fait pour exprimer l'amour». Je réponds qu'il n'y a qu'une agence de presse qui a transmis cet extrait de discours, mais que l'on devrait normalement lui faire confiance. Madame croit que le Saint-Père n'a pas pu dire une chose semblable. Je lui souligne que c'est là, pourtant, l'enseignement de l'Église: le corps sert à exprimer l'amour. Et cette dame me répond: «Peut-être, mais on ne dit pas cela à des gens qui ne sont pas mariés...»

On voit tout de suite le problème. Il réside dans la difficulté de se défaire d'une éducation passée, même devant les sources les plus traditionnelles que l'on voit en évolution.

Pour les uns, la réaction sera une radicalisation dans l'attachement au passé. Pour d'autres, ce sera un problème de conscience. Pour d'autres, ce sera l'incompréhension qui mène à la démission. D'autres choisiront de ne plus se poser de question. Finalement, bien peu pourront parvenir à une certaine adaptation.

Ici comme ailleurs, il y a le fossé entre les générations.

La libération des schèmes d'autrefois se fait lentement, très lentement. Certains ne veulent pas la connaître, parce qu'elle leur ferait mal.

On entend souvent des gens accuser le rigorisme du temps de leur jeunesse. Parfois, c'est à cause des faux problèmes de conscience qu'il leur créait. Souvent, c'est parce qu'ils n'ont pas pu goûter au laxisme que s'offrent beaucoup de jeunes d'aujourd'hui. Ces gens pourront développer alors toutes sortes d'attitudes. De rattrapage, par exemple. Alors, on assiste à un dévergondage infantile: des vêtements à la mode des jeunes, des soirées à la discothèque, des sorties de messieurs à tête blanche avec des fillettes, des Mrs Robinson (comme dans «The Graduate») langoureuses qui cherchent le choc que leur décrit *Cosmopolitan*. Il faudrait qu'ils sachent, ces gens d'un âge qu'ils n'acceptent pas, que la sensualité est une affinité et non une reconstruction, qu'elle est une relation à ce qui nous touche bien plus qu'à ce qu'on voudrait toucher, qu'elle s'incarne dans un présent et n'a plus de raison d'être quand elle ne peut s'alimenter que du passé. Ces gens n'ont pas encore connu la libération qu'ils cherchent et ne la trouveront jamais, car c'est de celle des autres qu'ils veulent s'emparer.

La libération est nécessairement lente et laborieuse chez ceux dont tout le système moral s'appuie sur des postulats immuables qui condamnent la sensualité à sa source. Il ne faut pas croire que ces gens n'existaient qu'il y a 20 ou 30 ans : ils demeurent nombreux aujourd'hui.

Ces gens, qui ont parfois des responsabilités d'autorité ou d'éducation, se sentent prisonniers d'un dilemme : ou ils participent à une évolution et renient ainsi ce qu'ils croient profondément, ou ils restent attachés à leur morale et perdent leur influence sur ceux qu'ils doivent pourtant influencer. Personne ne peut mettre en doute la sincérité de ceux qui demeurent rivés à leur éducation première. Eux-mêmes ne peuvent comprendre ce qui se passe. Ils sont encore mal à l'aise devant le seul mot «sensualité». Ils évitent le cinéma qui l'illustre et les discussions qui l'analysent. Ils jugent mal ceux qui n'ont pas leur problème tout simplement parce qu'ils ne peuvent les comprendre.

Face à eux, parfois s'éloignant d'eux, la foule immense de ceux qui vivent sans référence au passé, avec une notion spontanée et naturelle d'une autre sensualité. Ou simplement devrait-on dire : avec l'intégration spontanée et naturelle de la sensualité dans leur vie.

Comme pour le passage de la référence aux principes vers la référence aux valeurs, comme pour le conflit entre la culture élitiste et la culture populaire, on peut s'attendre à des incompréhensions qui mènent à tous les excès, d'un côté comme de l'autre. La radicalisation provient ordinairement de l'incompréhension. Et la condamnation naît ordinairement d'une incapacité émotive de l'acceptation de l'autre. Ce ne sont pas les idées qui éloignent le plus ; ce sont souvent les passions.

On a parlé, plus haut, d'un certain cinéma qui se dit érotique, qui est tout simplement pornographique mais amputé, que l'on présente dans toutes les salles de province qui veulent augmenter leurs recettes. Ce cinéma a du succès. Tellement de succès qu'à certains moments, dans la traditionnelle ville de Québec, la moitié des salles offraient ces spectacles de *soft core* à leur public, qui n'est pourtant pas celui de Pigalle ou de Las Vegas. Ces petits films minables, de mauvais goût, sans intrigue et sans vedettes, sans art et même sans véritable sensualité, qui accumulent les situations grivoises sans référence à des sentiments, qui provoquent sexuellement comme d'autres invitent à la haine, ces petits films ont énormément de succès chez nous.

Pas seulement chez nous. Ils représentent une industrie florissante aux États-Unis, avec des revues qui les complètent et des cassettes pour le foyer. Ils ont même fabriqué leurs vedettes en France, des actrices qui attirent l'attention des réalisateurs sérieux et qui ont droit à des articles dans des revues d'intellectuels.

Mais là-bas, aux États-Unis et en France, on trouve ces films dans des salles spécialisées, bien identifiées, dans les grandes villes où l'on offre à toutes les clientèles le choix de tous les genres de films. Ici, au Québec, ces films sont offerts, parfois, à la seule et unique salle de cinéma du village. Tous ceux qui veulent aller au cinéma n'auront que cela à voir: ce n'est pas une école pour apprendre la sensualité, c'est l'école de la vulgarité.

Le Québec profite d'un Bureau de classification plus ouvert que bien d'autres. Il se limite à classer les films selon les âges; et à refuser, cela va de soi, les films que le Code pénal canadien défend.

On comprend que des gens s'opposent à la présentation, dans certaines salles bien identifiées, de films que l'on appelle *hard core*: ces films ne présentent pas plus d'intérêt artistique ou simplement humain que leurs petits frères plus timides présentés partout. Ils sont plus explicites et ne s'adressent qu'à une clientèle particulière. Mais il faut se demander si le refus d'une autre catégorie de films ne cache pas une certaine ignorance des faits: le *soft core* de toutes les salles de petites villes n'est-il pas plus grave, n'a-t-il pas une influence pire sur les mœurs que le *hard core* des salles spécialisées?

On dirait que les Québécois sont présentement mal à l'aise face au problème de la pornographie, du cinéma dit «érotique», des revues du même style et de tout ce qui les entoure. Les législateurs ne savent trop que faire; les parents, encore bien moins. C'est le temps de la difficile adaptation à la sensualité raisonnable, celle qui respecte la raison, qui n'est pas nécessairement rationnelle mais qui s'inspire de l'acte de raison qui comprend le corps.

On pourrait parler de fossé entre les générations: il faut plutôt entendre «fossé entre les cultures». D'un côté, la culture qui a identifié la sensualité à la sexualité et, conséquemment, au péché. De l'autre, celle qui identifie la sensualité au corps-instrument d'une âme. Une sensualité qui dépasse de beaucoup le sexuel, même le sexuel totalement affranchi de ses tabous. Il faudrait une nouvelle réflexion sur l'homme pour bien situer sa sexualité et le rôle qu'elle joue sur toute sa personnalité; une nouvelle réflexion sur la sensualité et le rôle qu'elle joue dans sa vie.

Ici, on ne regarde que le conflit et ses causes. On se fait témoin d'un phénomène que l'on décrit pour en expliquer le sens, la signification. On identifie le problème d'hier et d'aujourd'hui. Le problème d'aujourd'hui est différent de celui d'hier. Mais il demeure aussi grave: la sensualité est une valeur nouvelle, très neuve, que l'on n'a pas su apprivoiser à cause des excès où nous mènent les rigueurs du passé.

Même en demeurant au niveau du phénomène, on peut déceler quelques moyens qui faciliteront le passage de la privation à l'utilisation raisonnable.

La découverte du corps

Il y a d'abord le contexte moral de la sensualité : celle-ci s'insère dans une morale essentiellement religieuse. C'est normal, pour la majorité des sociétés. Mais cela pose un nouveau problème quand la religion porteuse de la morale est mise en question : toutes les valeurs qui s'y réfèrent subissent nécessairement le même sort. On peut se poser la question : est-ce la valeur sensualité qui a transformé l'attitude religieuse, ou le contraire ? Beaucoup de gens vous diront, au moins au Québec, qu'ils ont abandonné la pratique religieuse à cause de la morale de leur religion. Ce qui signifierait que la valeur a transformé l'attitude. Par ailleurs, on peut aussi croire qu'il fallait un changement d'attachement religieux pour se défaire d'une morale qui avait une telle importance et accepter une nouvelle valeur qui contredisait la morale.

La question peut se poser ; la réponse demeure théorique. Le fait demeure : une majorité de pratiquants d'hier, c'est-à-dire de croyants qui acceptaient de mettre en pratique l'ensemble des préceptes de leur foi, ont abandonné cette pratique. Avec elle, ils ont pris leurs distances par rapport à plusieurs préceptes. On ne doit pas se surprendre que ceux qui concernent la morale sexuelle en fassent partie.

Et alors, s'il n'y a plus de morale religieuse, quelle morale reste-t-il ? Aucune...

L'identité totale qui a longuement existé entre morale et préceptes religieux ne crée pas de difficulté dans une société unanime au plan religieux, là où la foi religieuse anime l'ensemble de l'agir humain individuel et collectif. Mais quand l'unanimité fait place à l'agressivité ou à l'indifférence religieuse, il se pose un sérieux problème au plan des valeurs vitales de l'individu et de la société où il vit. C'est ce qui se passe présentement : le recul de la religion crée un vide moral. Il faut trouver des motifs humains de s'attacher à un certain nombre de valeurs. Mais comme, avons-nous vu, les références d'hier se faisaient beaucoup plus aux principes qu'aux valeurs, on risque de mettre du temps avant de pouvoir trouver et donner une notion humaine aux valeurs naturelles.

Si la sexualité est entièrement régie par la morale religieuse, au moment où celle-ci perd son influence, on risque de ne pas pouvoir offrir de fondements humains à une valeur extrêmement importante au plan du comportement humain. Si la religion régit la sexualité, au départ de la religion, la sexualité perd son maître. Pas surprenant qu'ainsi débridée, elle connaisse tous les excès: elle cherche son chemin.

Il faut donc apprendre à assimiler une sexualité qui aurait d'autres références que la morale religieuse. Non pas pour empêcher celle-ci d'avoir une influence sur la sexualité. Mais pour que la religion ajoute, tout simplement, une compréhension de la valeur humaine à l'intérieur du plan divin. Pour que la religion situe la valeur humaine à l'intérieur d'un épanouissement total où la chair prend place dans le spirituel. Une dimension religieuse sans fondement humain sera toujours gênante: c'est un baptême sans enfant de chair...

Cette séparation nécessaire, ou cet effort pour poser des fondements nouveaux à une valeur humaine séparée de ses propres sources, servira sûrement à ne plus identifier la sexualité au péché. Bien sûr, théoriquement, cela se fait facilement. Tous les théologiens, tous les chrétiens avertis, tous ceux qui ont entrepris, il y a quelque temps, une réflexion sur une morale nouvelle n'auront pas de mal à se convaincre d'une réalité aussi élémentaire. Mais ils auront à convaincre les autres. Ils sont encore nombreux, ceux qui ont cessé de réfléchir ou qui reprennent toujours la même réflexion, qui sont incapables, encore aujourd'hui, de distinguer sexualité et péché. Le mieux qu'ils puissent faire, comme dit Jean-Luc Hétu, c'est de «définir les conditions de la légitimité de l'exercice de la sexualité. Implicitement, l'exercice de la sexualité était mauvais, sauf lorsque certaines conditions précises étaient remplies: les deux personnes sont donc mariées et elles veulent avoir un enfant[2]». Ce qui fait un bien petit nombre de personnes,

---

2. *Quelle foi?*, Leméac, 1978, p. 168.

à tout prendre. Et pourtant, la sexualité concerne la vie
de toutes les personnes.

Une nouvelle éthique qui se fonderait sur la rencontre entre les personnes, qui servirait l'épanouissement total de la personne, qui trouverait dans la vie du
Christ l'essentiel des comportements humains orientés
vers une fin spirituelle, une éthique comme celle-là pourrait fortement et facilement influencer l'agir sexuel
chrétien. Le péché pourrait encore se trouver dans la
fausseté de la rencontre, dans le mensonge envers les
personnes, dans l'absence de cheminement spirituel,
dans le repli sur soi, dans l'incapacité de dépassement,
dans le cul-de-sac de la chair séparée de la totalité
de l'être.

La première étape de la valorisation de la sensualité se fera donc auprès de ceux qui ne l'ont pas connue
comme valeur mais comme instrument de péché par le
biais d'une sexualité coupable. Car une sexualité coupable se trouve à la base de la difficulté d'épanouissement
de bien des chrétiens attachés à l'enseignement du passé.

Il n'y a pas eu que la religion pour entretenir cette
liaison dangereuse; il y avait aussi la société.

Les tabous sont ordinairement d'origine religieuse.
Ils sont reliés au sacré; ils représentent le sacré qu'il
ne faut pas toucher, que l'homme ne peut approcher
sans subir les foudres des divinités outrées. Les tabous
sont les interdits des morales du passé, des morales
qui s'appuyaient sur des relations émotives, jamais ration-
nelles, avec des dieux jaloux et parfois méchants. Il est
surprenant que le christianisme, malgré l'incarnation
de son Dieu unique, ait pu conserver et entretenir certains tabous. S'il l'a fait, c'est probablement parce que
cela faisait l'affaire de la société qui trouvait son ordre
dans des interdits qui ne supportaient aucune relation
avec la raison.

Une morale bourgeoise est celle qui satisfait les inté-
rêts de la classe dominante de la société. Une morale
bourgeoise entretient des tabous avec « ce qui se fait » et
« ce qui ne se fait pas » chez les gens bien. Les gens
bien, ce sont ceux qui appartiennent à une certaine

classe, définie par la fortune, le rang ou le pouvoir. Ces gens préfèrent les tabous à la raison. La peur de la vengeance des dieux, la peur du châtiment, leur sont utiles.

Le Québec a connu une époque où la politique se servait de la religion, où les bourgeois imposaient leur morale au nom de la religion. Au plan sexuel, ils ont entretenu les convenances sociales avec les principes religieux. La pudeur était une question de mode. Les salons ne recevaient que les couples mariés devant l'Église. Les bourgeois se scandalisaient à propos de ce qui leur convenait: le Tartuffe de Molière a eu des disciples nombreux en France et au Canada. Même aujourd'hui, de bons catholiques pointent encore du doigt des couples qui ne correspondent pas aux normes de leur propre vie. Ce ne sont pas toujours les valeurs de respect des autres qui priment: ce sont souvent les principes du consensus social.

Quand le consensus social disparaît, on recourt à la religion de son passé. La démarche est fausse.

Ce qui n'est que tabou n'a pas de sens au sein d'une société chrétienne. Il faut se rendre compte que les tabous font injure à la foi. Et ceux qui les entretiennent y cherchent plus la protection de leur société bourgeoise que la défense de leur foi, surtout chrétienne.

Mais il n'y a pas que les tabous qui faussent les réalités spirituelles; il y a aussi les fausses identifications.

La sensualité totale

Pourquoi a-t-on aussi facilement identifié la sensualité à la sexualité? Je laisse la réponse aux moralistes d'hier. Ils ont sûrement des raisons pour avoir tout confondu. Aujourd'hui, si l'on veut donner son sens à la sensualité, si l'on veut en faire une valeur épanouissante, il va falloir définir sa véritable relation avec la personne et avec la personnalisation de l'être.

La sexualité a besoin de la sensualité. C'est-à-dire que l'expression sexuelle ne peut se faire que par l'utilisation des sens. D'abord. Mais tout le reste de la personne aussi.

Ceux qui n'ont pas connu l'identification factice de la sensualité et de la sexualité ne se posent pas de problèmes. C'est pourquoi ce que j'écris ici peut sembler étrange à celui qui a normalement su utiliser ses sens. Mais j'écris pour ceux qui tentent de faire le passage entre vie sensuelle et vie pleine.

Il y a déjà longtemps, maintenant une quinzaine d'années, je tentais d'expliquer à des étudiants, tous adultes, alors inscrits au cours de Baccalauréat ès arts, la nécessité de la participation la plus totale à la vie pour répondre à l'appel individuel d'épanouissement personnel. Je tentais de leur prouver que la participation à la création les invitait à une sensibilisation, la plus grande possible, au plus grand nombre de valeurs possibles. Pour cela, il faut la participation active des sens. Ce sont eux, et seulement eux, qui nous mettent en relation avec la vie.

Et je me souviens de l'inquiétude ou de l'amusement de certains étudiants quand je leur décrivais la participation des cinq sens nécessaires pour bien profiter, par exemple, de leur *drink* préféré... Le verre taillé pour les yeux, la glace qui égrène ses perles de fraîcheur dans la main, l'odeur qui chatouille l'odorat, le goût qui remplit la bouche... et même le bruit des verres qui se touchent pour qu'une musique d'un instant saisisse l'oreille. Pleine jouissance... Sensuelle? Et comment! Mais c'est pour cela qu'existent les sens. Ils veulent être utilisés ainsi, ne serait-ce que pour répondre à la fonction qui leur fut attribuée dans la création. Participer à la création, ce n'est pas seulement la chanter dans un cantique: c'est aussi en vivre.

Et je me souviens des regards de reproche des uns, entrecoupés des sourires de gratitude des autres. C'est toujours ainsi: les sens n'ont pas encore droit aux titres d'affranchissement.

L'intellectuel les transcende; le spirituel les purifie. C'est peut-être parce qu'ils les connaissent mal qu'ils les méprisent ou en ont peur.

J'aime le parfum d'une fleur et sa couleur m'éblouit. Je goûte la fraîcheur d'une cascade, je me remplis de la douceur d'une sonate, je me pâme du soleil au bout de la mer, je goûte de tous mes sens une nature qui m'entoure. Mais où se trouve, où se cache le plaisir sexuel dans tout cela? Nulle part, évidemment. Allez le dire à ceux qui le voient partout.

Ce n'est pas que la sexualité n'ait pas, elle aussi, droit au respect ouvert de tous. C'est tout simplement qu'il ne faut pas la trouver partout. Ce n'est pas vrai que la sexualité englobe toute sensualité. Ce serait un grand progrès, pour plusieurs, de distinguer ces valeurs qui ont droit à leur autonomie, même quand elles entrent en relation intime.

Il faudrait, aussi, faire cesser l'identification facile entre comportement moral et attitude bourgeoise, entre conscience et tabou, entre ce que l'on croit devoir faire et ce que la société oblige à faire.

Bien des gens voient leurs enfants quitter la maison à 20 ans, au temps de l'université, pour aller «vivre en appartement». Ils s'inquiètent, ces parents attentifs au bien de leurs enfants, de ceux qui habiteront avec leur garçon et, surtout, avec leur fille. Un jour, comme cela se produit de plus en plus, ils entendront leur fille ou leur garçon leur dire qu'ils ne sont plus que deux à l'appartement... Deux, c'est-à-dire, un couple. Que les parents soient touchés par la nouvelle, cela se comprend. Mais pour quels motifs? Il y a beaucoup de convenances sociales dans leur morale. L'identification n'est pas toujours faite entre la crainte d'un cheminement moral marginal et le jugement des gens de la famille ou du voisinage. La peur d'être jugé, c'est maintenant plus fort que la peur du péché, chez ceux de 50 ans qui ont l'habitude du péché mais qui ne savent plus où le situer. L'identification reste à faire.

L'acceptation du corps

Il y a déjà un bon moment que la découverte, elle, est faite: le corps s'exhibe et il en a le droit. Ce qui ne veut pas dire qu'il en ait l'art.

La connaissance du corps se fait lentement. D'une part à cause de relents d'autrefois. D'autre part, à cause des excès d'aujourd'hui. On n'a pas encore compris que la pudeur n'est souvent que question de bon goût. On n'exprime pas la beauté en ouvrant une chemise ou même en n'en portant pas du tout dans les rues. Ce ne sont pas les danseuses nues des bars de la ville et des campagnes qui vont faire découvrir la grandeur du corps. Il y a toute une différence entre nudité et sensualité.

Souvent, c'est parce qu'on n'aime pas son corps qu'on le déshabille aussi facilement. On ne sait pas le valoriser, ajouter à sa valeur. On ne sait pas l'embellir pour l'ennoblir. On l'a découvert mais on ne le connaît pas.

Pour accepter son corps, avec toutes ses possibilités et ses richesses, il faut le connaître. Pour en saisir la véritable beauté, il faut le connaître. Pour l'aimer tel qu'il doit être aimé, il faut le connaître. Après, on l'accepte.

Sans l'acceptation de son corps, il n'y a pas d'acceptation de soi, dans tout son être. On demeure pris avec des réticences envers soi. Et tant qu'il y a des réticences, on ne s'aime pas. Celui qui ne s'aime pas, comment peut-il aimer les autres ? S'il est pris avec lui-même, comment peut-il se libérer pour les autres ?

C'est un fait incontestable : ceux qui ne savent pas aimer sont ceux qui sont limités par eux-mêmes. Ils ne peuvent pas s'accepter ; et ils le reprochent aux autres. Ceux, parmi eux, qui se réclament de l'Évangile, n'ont pas compris le «aime ton prochain comme toi-même...»

En acceptant son corps, on en découvre le sens : il est objet d'instrumentation, de lien, de rencontre, d'amour et d'expression. Ceux d'hier craignent cette expression de sentiments profonds qui doivent utiliser le corps pour se dire ; ceux d'aujourd'hui ne savent pas que le corps doit servir à l'expression de sentiments profonds. De chaque côté, on ne sait pas lui donner son rôle d'instrumentation. Pas surprenant qu'ils ne puissent se comprendre : l'instrument de rencontre est faussé.

La solution ne peut naître spontanément ; il faut la concevoir et l'engendrer. Elle m'apparaît paradoxale à souhait. Je pense que, pour un moment tout au moins, il va falloir rationaliser les sens. Donner une raison aux sens.

Pour les déculpabiliser chez ceux qui les associent au péché, il faut une réflexion théologique plus profonde, plus libre, plus évangélique. Les croyants devraient se trouver parmi les premiers à défendre les droits du corps. Et ils devraient être les premiers à en chanter la beauté. Tant qu'il s'en trouvera pour définir le corps comme un danger, comme instrument de péché, comme lieu de rencontre de leurs frustrations et de leurs malaises, le corps n'aura pas sa logique. Il faut l'aide de la raison pour découvrir le «sens» du corps.

Mais aussi, chez tous ceux qui se servent du corps pour dire mille choses qui cachent la beauté, la vérité, l'importance totale du corps, il faut un acte de raison. La passion sans raison n'a pas, elle non plus, la logique nécessaire à l'épanouissement de l'être. La sensualité qui n'est pas consciente de son action mène nécessairement à l'insatisfaction. C'est ce qui crée le besoin de pornographie: des gestes de plus en plus excessifs parce qu'ils n'ont pas trouvé de raison.

La valeur sensualité prend de l'importance, aujourd'hui, non seulement parce qu'on l'a trop souvent ignorée dans le passé; mais également parce qu'on ne sait pas encore comment l'apprivoiser aujourd'hui.

C'est complexe, la sensualité. C'est un corps, c'est une multiplicité de sens, c'est un instrument, c'est une fenêtre qui s'ouvre ou se ferme malgré soi, c'est une réflexion qu'on ne sait comment faire, c'est une raison qui s'impose à la passion, c'est la douceur d'une émotion, le langage des sentiments, c'est tout cela et bien des choses encore. C'est, malheureusement, pour plusieurs, un problème, un danger, un piège, un appât, un péché.

La réflexion n'est pas terminée. Parce que cette réflexion-là est de celles que l'on peut qualifier de très subjectives: elle a besoin de cheminements individuels pour conduire à la raison.

4

VERS LA TOLÉRANCE

Au printemps de 1979, le comité d'école de Notre-Dame-des-Neiges, à Montréal, annonce, après consultation auprès des parents, avec l'appui de l'équipe pastorale de la paroisse, en conformité avec ce qu'ils croient être leur droit, qu'il demande que soit retiré le caractère confessionnel de l'école pour le remplacer par un statut d'école pluraliste. Pas une école «neutre», où tout l'enseignement et toute la structure seraient «laïcs», au sens français du terme, mais simplement pluraliste, c'est-à-dire acceptant sur un pied d'égalité les diverses orientations religieuses de leurs élèves.

Pourquoi cette démarche? Parce que, selon le comité, quarante pour cent des élèves avaient demandé «l'exemption religieuse». Considérant que c'était là un chiffre appréciable, qu'il valait mieux traiter tout le monde également, qu'il ne fallait pas appeler catholiques ceux qui avaient choisi de ne pas l'être, que la réalité se rapprocherait davantage de la vérité sous une étiquette de «pluraliste», le comité, donc, demande au Comité catholique du Conseil supérieur de l'Éducation de changer son statut, selon ce que l'on croit être le pouvoir du Comité.

D'autres parents se sont objectés. Au nom d'autres principes et d'autres objectifs. Ils ont demandé à l'archevêché de les appuyer et ils ont reçu le support d'organisations catholiques. Ils se sont sentis assez forts, dans leur position, pour présenter leur objection devant les tribunaux. Et ils ont converti à leur cause une majorité de commissaires de la Commission scolaire des écoles catholiques de Montréal. Finalement, la Cour leur a donné raison.

Notre étude se limite aux phénomènes, elle ne touche pas la défense des causes. Mais le phénomène, ici, nous en dit long sur notre évolution et notre situation actuelle.

Considérons les quatre groupes en présence : le comité d'école, les parents opposants, le Comité catholique et la Commission scolaire de Montréal. Ajoutons à chaque groupe ses supporteurs personnels. On a alors devant soi un ensemble de catholiques qui s'affrontent au nom de leur foi, ou de leur compréhension de l'Évangile. Ils s'accusent réciproquement. Ils se condamnent, autant dans les personnes que dans les idées. Ils n'ont pas tous la même intransigeance. Mais on trouve bien quelques partisans du refus total des idées des autres.

Phénomène nouveau : autrefois, il y a encore très peu de temps, le Québec était unanime, surtout au plan religieux. À mesure qu'il se transforme, il laisse paraître des antinomies profondes. On voit alors se dresser, les uns contre les autres, ceux que l'on croyait frères, du même sang, de la même pensée, de la même lignée. Ces gens s'affrontent. La paix fait place au combat : on se tolère de plus en plus mal.

L'intolérance, dans une société, ne peut sûrement pas se définir comme une valeur positive nouvelle. On ne va tout de même pas croire ou dire que l'intolérance actuelle est un progrès sur hier. Mais l'intolérance d'aujourd'hui est aussi autre chose : elle est cheminement vers la tolérance. C'est en ce sens qu'elle peut nous intéresser.

En fait, ce qui nous intéresse, c'est le passage d'une société où prime une idéologie unique à une autre, où se manifeste une multiplicité de courants de pensée. On n'apprend pas facilement à demeurer soi-même au sein d'un groupe différent de soi. On ne découvre pas facilement le langage de l'expression personnelle dans une défense d'idées quand on n'a pas appris à défendre des idées. Chez nous, on n'a pas eu besoin, au plan social comme au plan religieux, de se protéger les uns contre les autres : le combat se faisait en entier contre les autres, ceux que l'on savait contre nous.

Autrefois, on se rendait peu compte de notre intolérance collective. Aujourd'hui, conséquemment, on résiste mal à l'intolérance individuelle. L'évolution vers la tolérance sera probablement, un jour, le signe de la maturité désirée, recherchée. C'est sur ce cheminement qu'il est intéressant de se pencher.

L'intolérance d'hier

Au temps de mon enfance, on entendait parfois parler de batailles rangées dans certains coins de la ville : elles se faisaient dans les milieux cosmopolites de Montréal et de ses environs. À Verdun, par exemple. Les combats entre «Canadiens» et «Anglais» faisaient partie des activités régulières de bandes organisées.

Vous vous souvenez ? C'était au temps où les francophones s'identifiaient comme «Canadiens», laissant à tous les autres, surtout anglophones mais de toutes les origines, la dénomination globale d'«Anglais». C'était au temps où tous les Canadiens français se sentaient unis par leur langue et leurs origines : ils défendaient leurs sources.

Ils défendaient le fait qu'ils avaient été les premiers, par leurs ancêtres, à coloniser cette terre ; ils étaient les premiers Canadiens et ils s'identifiaient au nom. Les autres, surtout les Anglais, étaient venus après : ils n'étaient pas les «vrais» Canadiens. C'est ainsi que les plus authentiques de chez nous s'appelaient «des Canadiens pure laine» et que les mots les plus purs de chez nous étaient ceux que l'on disait «en bon canayen». Le Canada nous réunissait : on n'était pas pour mettre en doute une telle évidence. L'ennemi était ailleurs, en dehors de nos rangs. De notre côté, c'était l'unanimité spontanée, naturelle.

Mais face aux autres, aux Anglais, face à l'ennemi... Il fallait tellement se préoccuper de survivre qu'on ne pouvait se payer le luxe de les côtoyer amicalement. Certains hommes d'affaires, certains militaires, certains scientifiques pouvaient frayer avec les Anglais. Mais l'immense majorité des francophones les regardaient encore comme les conquérants. Peut-être parce qu'ils sentaient que les Anglais les traitaient comme des conquis... De toute façon, les deux groupes se refusaient mutuellement le droit au rapprochement.

L'intolérance nationaliste s'explique sûrement chez tous les peuples qui ont connu la guerre, la défaite et la conquête. On ne peut accepter le vainqueur étranger, on ne tolère pas qu'il devienne un frère : le vainqueur se définit en ennemi, même longtemps après la guerre, parce qu'une société stable, fermée, unanime, ne trouve sa sécurité que dans ses traditions, ses propres gloires, sa langue et son passé : il était compréhensible que les francophones, les Canadiens d'hier, soient intolérants envers les Anglais.

La particularité de cette intolérance, c'est qu'elle fut collective. C'est le groupe entier, ou presque, des Canadiens francophones, qui ne tolérait pas les autres. Entre eux, entre Canadiens français, le problème ne se posait même pas : il n'y avait que la langue et la religion pour nous rassembler. À l'intérieur d'une même langue et d'une même religion, on ne peut que nécessairement s'entendre. Et on ne peut que refuser les autres : le monolithisme engendre la radicalisation, cela va de soi.

Sur le plan de la langue, l'opposition était traditionnelle et contextuelle. Au plan de la foi, l'unanimité était encore plus profonde, plus obligatoire. Et l'intolérance prenait l'allure de vertu. C'était question d'obligation.

Il y a 20 ans, donc encore tout récemment, il n'était pas facile à un catholique d'épouser une protestante.

D'abord, les canons catholiques exprimaient beaucoup de réticences. La partie protestante devait s'engager à faire baptiser les enfants dans la religion catholique, à leur donner, à tous, une éducation catholique. Il fallait que la partie protestante accepte l'isolement spirituel et abandonne son autorité sur ses enfants au plan religieux et même spirituel.

De plus, les époux n'avaient ordinairement pas droit à un «vrai» mariage. Ils n'avaient pas droit à l'église, à la messe, aux fleurs et aux orgues, à la cérémonie que tous les jeunes de leur temps désiraient. Il fallait leur faire sentir que l'Église n'acceptait pas leur geste, même si elle ne pouvait l'empêcher.

Cela, c'était il y a vingt ans : une attitude de refus impuissant.

C'était pourtant un immense progrès. Car vingt ans plus tôt, ces mariages étaient presque impossibles. Les catholiques étaient accusés de sacrifier leur foi à l'amour. Et comme la langue et la religion étaient engagées dans un processus de protection mutuelle indéfectible, l'époux catholique passait également pour traître à sa patrie. Il fallait beaucoup de courage et beaucoup d'amour pour s'engager dans un «mariage mixte» : l'Église ne les acceptait qu'à contrecœur.

L'Église ne tolérait pas davantage les rencontres entre catholiques et protestants. Elle ne permettait pas la visite d'églises protestantes, sans raison majeure. Elle ne tolérait pas la lecture des théologiens protestants. Elle ne tolérait pas la participation à une liturgie protestante, orthodoxe ou juive. Elle ne tolérait tout simplement pas que des catholiques s'approchent de ceux qui professaient d'autres confessions religieuses que le catholicisme officiel.

S'il en était ainsi face aux chrétiens confessant le même Christ ou aux juifs se référant à la même Bible, on peut s'imaginer le sort réservé aux athées... Au collège, la lecture d'auteurs aussi renommés que Jean-Paul Sartre, à l'époque, était tout simplement défendue. Et quand on dit «défendue», on veut dire sous peine de péché mortel. L'Église ne tolérait pas que ses fidèles soient touchés par l'influence d'autres écoles de pensée. Ceux qui faisaient profession d'athéisme, surtout les militants les plus séduisants comme Sartre, faisaient figure d'ennemis officiels de la foi. On pouvait prier pour eux, mais loin d'eux.

D'où venait cette intolérance ?

De la conviction de la supériorité absolue de la foi catholique sur toute autre religion ou, plus encore, sur toute autre idéologie. Pour protéger sa foi, il fallait se protéger contre les thèses contraires. De là à identifier la thèse à la personne et à condamner les personnes autant que les théories, il n'y avait qu'un pas que plusieurs ont rapidement franchi.

Cette intolérance envers les personnes apparaissait encore envers les catholiques que l'on considérait comme des amoraux, vivant dans le péché. Par exemple, les couples non mariés. Ou les catholiques mariés civilement. Ou encore, les catholiques qui avaient reçu la bénédiction nuptiale dans l'église d'une autre dénomination religieuse. Ces personnes étaient condamnées.

L'intolérance était officielle, répandue partout, acceptée chez tous. L'importance du contexte religieux affectait le contexte social : celui que l'Église condamnait ne pouvait espérer l'intégration sociale. Même au plan professionnel, il ne pouvait espérer de trop grands avantages : sa compétence était entachée par ses options religieuses. Au Québec, il n'y a pas longtemps que l'on a accepté qu'un homme d'État soit divorcé et remarié. Il reste encore des gens pour infirmer la qualité professionnelle et même humaine de celui qu'un passé encore très récent refusait et condamnait.

Bref, à l'intérieur de notre société francophone et catholique, unanime sur l'essentiel, on ne pouvait qu'être intolérant envers ceux qui risquaient d'entamer cette merveilleuse unanimité. L'intolérance était au service de l'unanimité.

Il ne faudrait pas s'en surprendre : le repli sur soi peut parfois s'imposer au nom de la survivance. Si les juifs du monde entier ne s'étaient protégés contre les influences extérieures depuis 4,000 ans, ils n'auraient pu survivre. Les Québécois, eux, ont protégé leur identité en se fermant à la culture des autres. Comme leur unité se manifestait dans leur langue et leur religion, ils se sont faits intolérants envers ceux d'une autre langue et d'une autre religion.

Ils ne pouvaient pratiquer l'intolérance entre eux à cause du grand besoin qu'ils avaient les uns des autres. Mais ils devaient pratiquer l'intolérance envers les autres à cause du danger que les autres représentaient pour eux.

L'évolution des institutions

Le début de la révolution tranquille produisit un phénomène étrange: on vit la transformation de certaines institutions précéder celle des mentalités. Au plan scolaire, par exemple, on assista à une évolution du cadre, proposée par un petit groupe de penseurs et touchant l'ensemble des écoles du Québec. Tout le monde ne pouvait être en même temps prêt à participer au mouvement.

Il y a eu de nouveaux leaderships, de nouvelles valeurs, de nouvelles visées: les structures institutionnelles permettaient un nouveau pluralisme jusqu'alors inconnu. Pas le pluralisme culturel total; mais une évolution de structure permettant à des mentalités diverses de commencer à s'exprimer de façon originale.

C'est un certain éclatement des institutions traditionnelles, occasionné par un changement politique mais aussi inhérent à l'évolution d'un peuple, qui a engendré le bouleversement et l'affrontement d'idées.

Des Canadiens français, ceux qui n'étaient hier que des Canadiens, ont défini leur identité d'une façon particulière: ils sont devenus des Québécois. C'est-à-dire qu'ils ont trouvé une source d'identification plus profonde ou plus particulière dans leur relation à leur province, leur coin de Canada à eux, que dans le tout.

Mais cette évolution n'est plus celle de tout un peuple: il n'y a plus d'unanimité nationaliste. On n'a plus d'intolérance collective: elle a fait place à des visions variées d'une situation collective, avec des pointes de refus envers les uns comme envers les autres. L'intolérance individuelle a trouvé son premier terrain d'action en champ nationaliste. Mais le terrain était prêt.

Pour s'identifier personnellement, il faut être capable d'acceptation de soi; et après, mais tout de suite après, il faut l'acceptation des autres, la reconnaissance

des autres. C'est ainsi que se construit une véritable affirmation.

Les Québécois de toutes tendances politiques ont le
goût de l'identification plus personnelle; ils veulent s'affirmer, d'une façon ou d'une autre. C'est l'évolution des
structures qui leur permet de prétendre à une affirmation nouvelle.

On a parlé plus tôt de l'évolution des structures qui
a suivi l'arrivée au pouvoir du parti libéral en 1960. On
l'appela la «révolution tranquille», avec raison. Sauf que
tout n'a pas été aussi tranquille qu'il y paraît. Pour une
révolution, oui; mais l'évolution fut rapide, même boule-
versante pour plusieurs. La transformation de certaines
structures se fit beaucoup plus vite que celle des mentalités. Toutes n'étaient pas prêtes à subir le changement.
Les mentalités condamnent ce qu'elles ne peuvent assimiler. Elles pratiquent l'intolérance pour se préserver.

La réforme de l'éducation, au Québec, a coïncidé
avec la baisse très grande des vocations religieuses.
Non seulement les religieux perdaient-ils leurs réseaux
d'influence; mais encore, ils perdaient de nombreux
membres. Ils ne pouvaient plus soutenir leurs propres
institutions. L'éducation, au plan gouvernemental, devint
une affaire laïque, de laïcs. La structure nouvelle créa
alors des mentalités nouvelles. Autrefois, la structure for-
mait des mentalités semblables; subitement, elle ouvrait
la porte à la possibilité de mentalités diverses. On n'était
peut-être pas prêt à utiliser ces possibilités: il était facile de devenir intolérant envers les mentalités d'autrefois, ou envers les nouvelles qui naissaient.

On est passé très rapidement, chez nous, de l'enseignement de la philosophie thomiste, par un religieux,
dans un cadre institutionnel traditionnel, à l'enseignement de la philosophie marxiste, par de nouveaux missionnaires militants, dans des lieux sans structure, sans
relation avec quelque institution que ce soit. La réforme
de l'éducation visait surtout à transformer le passé; la
nouvelle structure ne savait pas trop bien ce qu'elle
devait apporter. L'absence de référence à une pensée, à
une réflexion, à une espèce de consensus idéologique

ouvrait la porte à tout ce qui ressemblait à une pensée. Et une pensée qui n'est pas trop forte craint les autres, celles qui risquent de l'affaiblir. Elle devient intolérante envers les autres. Encore pour se protéger. Cette fois, parce que la structure n'a pas su lui donner la force d'une véritable personnalisation. L'intolérance sert à ne pas se mettre en doute. On parle fort pour ne pas entendre les autres. Pour ne pas montrer le manque d'appui structurel. La réforme de l'éducation a devancé l'évolution de la pensée des «éduqués»; et même, de plusieurs éducateurs.

Mais cette réforme s'accompagnait d'une autre transformation: celle de la culture. On a vu, plus tôt, que le passage d'une culture traditionnelle et élitiste à une culture populaire, accessible à la masse, a créé certains fossés difficiles à combler. Il faut aussi voir que cette évolution a bouleversé des esprits: plusieurs ont choisi de condamner le passé, plutôt que de tenter d'entrer en relation avec lui. Comme d'autres adeptes de la culture du passé ont décidé de condamner la culture nouvelle plutôt que de tenter d'entrer en relation avec elle.

Une intolérance très forte s'est installée entre les partisans de l'une et de l'autre culture. Et diverses intolérances se sont installées entre les partisans divers de la nouvelle culture populaire. Pourquoi? Au nom de l'identification individuelle. Les découvertes personnelles sont fragiles parce que les structures les supportent à peine.

Ce qui gêne tout le monde, dans un contexte de culture populaire, c'est que le manque d'assurance invite à l'affirmation radicale. Plus quelqu'un manque d'assurance, plus il affirme absolument. Il défend sa cause en gueulant parce que le raisonnement ne peut lui servir. Le vernis de la culture populaire permet l'affirmation de bien des choses. Mais l'affirmation est fragile. C'est une culture de Reader's Digest ou d'émission de «ligne ouverte»: le raisonnement y fait souvent défaut...

Les pages de «l'opinion du lecteur» attirent beaucoup l'attention. *La Presse* reçoit chaque jour une vingtaine, quand ce n'est pas une trentaine, de ces lettres.

C'est la version écrite des «lignes ouvertes»: on peut affirmer sa pensée crûment, devant un large auditoire, sans s'obliger à la rigueur. C'est plus facile, ainsi, de condamner.

Certains professionnels de radio ou de télévision utilisent l'intolérance en spectacle. Par exemple, deux animateurs font une émission où ni l'un ni l'autre ne cherche la vérité: chacun s'emploie à défendre l'affirmation la plus absolue. L'intolérance devient alors profitable: elle attire les passions. Et chacun sait que la passion séduit plus que la raison.

La culture de masse fournit mille sujets d'opinion à celui qui veut passer quelques heures à l'écoute de la radio ou devant le petit écran. Mais la connaissance fragile, celle qui ne sait raisonner, se réfugie dans l'intolérance. Ici encore, c'est pour protéger son identité, pour s'affirmer, se personnaliser. Il faut reconnaître alors l'intolérance institutionnalisée: la condamnation fait partie intégrante de la conversation. La mentalité «ligne ouverte» est maintenant répandue: elle se cherche derrière le changement de structure, derrière la nouvelle possibilité d'expression personnelle devant un auditoire. À cause de sa recherche et de ses maladresses, elle développe une nouvelle intolérance: celle de l'opinion facile plutôt que d'une pensée.

Ajoutez à cela la démocratisation de certaines structures.

Par exemple, dans les commissions scolaires. Non seulement les écoles ne sont-elles plus dirigées par des religieux, mais, de plus, les professeurs sont inconnus. Non seulement ne peut-on plus se référer à l'idéologie traditionnelle de l'enseignement religieux, mais encore faut-il s'abandonner aux mains d'enseignants qui tirent leurs orientations idéologiques d'un syndicat! On ne sait plus à qui parler, à qui se fier, à qui imputer les torts d'un échec. Alors, on condamne au hasard. La démocratisation des structures entraîne l'intolérance d'une étrange façon: entre participants de la démocratie.

Comme sur le plan religieux: l'intolérance s'y manifeste maintenant entre les fidèles d'une même foi.

Encore ici, c'est l'évolution de la structure qui a précédé celle des mentalités. Au sein de l'Église catholique, l'opposition qui existe encore entre la droite d'un Mgr Marcel Lefebvre et Rome, et même entre des théologiens comme Hans Küng ou Edward Schillebeckx et Rome, a pris naissance dans le Concile Vatican II. Bien sûr, le concile s'alimentait à un certain nombre de théologiens et d'évêques dont la réflexion influençait l'institution depuis longtemps. Mais la grande majorité des fidèles catholiques devait apprendre à s'adapter au concile. Et plusieurs n'ont pas su le faire. Ou bien ils ont choisi de demeurer fidèles au passé; et ils ont formé une nouvelle droite. Ou bien ils ont continué d'évoluer dans leur pensée pour faire suite au premier élan donné; et ils ont formé une nouvelle gauche. Ou bien ils ont tout reçu sans rien raisonner; et ils ont tout lâché. Les catholiques d'aujourd'hui sont bien loin de leur unanimité du passé. C'est pour cela qu'ils ont appris à se condamner.

Les progressistes ridiculisent les plus pratiquants; parce que chacun construit sa petite théorie religieuse, quand ce n'est pas théologique. C'est qu'il faut avoir une opinion sur tout. Là comme ailleurs, le manque d'assurance comme la grande ignorance, pousse à l'affirmation radicale. Et le radicalisme engendre l'intolérance.

On peut voir, au théâtre comme au cinéma, des œuvres agressives sur le plan religieux. Souvent, l'auteur a fait appel à ses souvenirs, où se mêlaient folklore et réalité, les a teintés de son émotivité, pour en faire un plat ridicule, c'est-à-dire qui fait rire, et qui remporte beaucoup de succès.

Pourquoi? Parce qu'on reproche à l'Église son intolérance d'autrefois. On lui reproche de nous avoir faits ce que certains ne veulent plus être. Cette nouvelle intolérance est présentement très forte. Des pièces comme «Les fées ont soif» ou encore «P'tit Jésus, bonjour» en sont de bons exemples. On ne tolère plus ce qu'on a été.

Même notre manie du juron, particulière au Québec et révélatrice de notre histoire, ressemble à un combat contre un tabou à détruire. Le juron se présente comme un besoin d'anéantir une période que l'on veut révolue. Sans raison, des enfants jurent en utilisant des mots dont ils ne connaissent ni le sens ni l'origine. Mais ils reflètent l'intolérance de leurs aînés envers le passé religieux qu'ils veulent déflorer et renier.

Nous vivons donc maintenant dans une société aux diverses tendances, aux multiples idées, à toutes les écoles de pensée. C'est le début du pluralisme institutionnel désiré par ceux qui veulent se détacher du passé. Ce pluralisme, on ne sait pas l'apprivoiser. Mais il existe.

L'intolérance existe par réflexe de défense, par ressentiment, par incapacité d'assimiler un pluralisme nouveau. C'est un manque de maîtrise devant des réalités nouvelles qui crée des attitudes et des comportements de refus radical.

L'intolérance se trouve plus profonde chez ceux que le passé a le plus marqués. Mais il y a ceux qui s'y attachent et ceux qui s'en séparent. Ceux qui s'ennuient de l'unanimité et ceux qui la combattent. Ceux qui refusent l'évolution culturelle d'une société québécoise qui vit subitement des réalités auxquelles elle n'a pas encore eu le temps de s'habituer. C'est ce qui explique ses maladresses.

La cible: les personnes

Au moment où l'on apprit la condamnation de l'enseignement du théologien Hans Küng par Rome, plusieurs lettres ou commentaires vinrent alimenter la discussion dans nos journaux. Le théologien avait des fidèles qui affrontèrent ceux du Vatican. On a pu assister alors à des débats parfois intéressants. Mais il faut bien admettre que plusieurs d'entre eux ne dépassaient pas le jugement de la personne ou de l'institution.

Un de ces commentaires, paru dans *Le Devoir*, a exprimé l'espèce de nouvelle intolérance que nous vivons présentement.

L'auteur décrit l'affrontement: d'un côté, les positions de Hans Küng; de l'autre, celles du magistère officiel de l'Église. Puis, il raconte l'histoire de Küng : ses difficultés nombreuses, dans le passé, avec d'autres théologiens, les mises en garde qu'il a reçues à l'occasion de la publication d'autres volumes, ses relations avec la hiérarchie locale, ses réactions à la suite de confrontations. Bref, un exposé sur la personne de Hans Küng. Puis, à la fin, le critique écrit : «J'aurais pu réfuter les arguments erronés de ce théologien. J'ai préféré vous décrire quelle espèce d'homme il est...» Jamais n'avait-on pu souhaiter une démonstration aussi expressive de la tendance intolérante actuelle : elle s'attaque aux personnes plutôt qu'aux idées.

L'éditorialiste en connaît quelque chose.

Je reçois, personnellement, plusieurs lettres par semaine, commentant mes éditoriaux. Certaines apportent une réflexion différente de la mienne, parfois un éclairage nouveau, une perception autre. Elles sont utiles.

Souvent, celui qui n'est pas d'accord avec ce que j'ai écrit s'en prend à moi, à ma personne. Il me condamne, moi. Si j'ai pris telle position, c'est, selon lui, parce que je suis un vendu, un laxiste, un simple d'esprit, un capitaliste, un gauchiste de salon, un curé égaré, et bien d'autres choses. Finalement, l'argumentation n'est pas utile : il suffit de condamner la personne pour avoir raison.

La discussion autour d'une option peut se faire, assez facilement, de façon raisonnée. Celle autour des personnes ne peut être que passionnée. Parce que les idées sont froides et les personnes sont en ébullition.

Pourquoi s'en prendre aux personnes ?

D'abord, parce que c'est la solution facile : pas besoin de bâtir une argumentation serrée appuyée sur la logique, ou sur les faits, ou sur la base de l'objectivité : en condamnant la personne, l'argumentation est sapée à la base.

Aussi, parce que l'attaque au niveau des idées risque souvent de mettre en doute son propre raisonnement. Et l'attaque contre la personne est trop globale pour affecter sa propre démarche intellectuelle. Les idées, on les analyse; les personnes, on les prend ou les refuse en bloc. L'analyse est troublante; plusieurs préfèrent l'éviter pour conserver la sérénité de leurs options.

Mais surtout, l'attaque au niveau des idées signifie une espèce de nouvel échange presque inconnu, auquel peu de gens sont préparés. Ce n'est pas l'unanimité d'hier, avec ses vérités absolues et ses positions immuables, qui a pu nous habituer à l'échange des idées. Ce n'est pas le cadre rigide de la culture élitiste, classique et traditionnelle, qui a permis le libre échange des idées. Celui qui prend connaissance d'idées nouvelles, qui mettent en doute celles auxquelles il s'attache et qui le touchent dans tout son être, a besoin d'une réponse forte, puissante. Il la trouvera souvent en se situant au plan des personnes. Parce que les personnes sont nécessairement faillibles, subjectives, imparfaites et vulnérables. On peut toujours prouver leurs faiblesses.

Le nationalisme et la religion représentent deux unanimités d'hier qui touchent les fibres les plus émotives de l'être. C'est pour cette raison qu'ils se défendent difficilement sur un plan rationnel. Les personnes deviennent des cibles.

On attaque alors l'incarnation de l'idée. On la juge et la condamne dans une personne. Dans un affrontement entre tenants d'options différentes, même chez ceux qui partagent pourtant plusieurs idées, il devient trop difficile de séparer l'idée de la personne. On sent le refus de l'autre, parfois la haine viscérale, qui tente de cacher un problème personnel beaucoup plus profond et finalement beaucoup plus manifeste. L'intolérance envers les personnes n'est pas voulue, souvent. Mais elle s'impose à cause d'une incapacité, chez ceux qui défendent des idées, de s'alimenter au seul plan des idées. L'intolérance envers les personnes, c'est une faiblesse inhérente à l'apprivoisement difficile du pluralisme social, intellectuel et moral.

De l'intolérance à l'intolérance

L'intolérance de la société d'hier était inconsciente; ou, si elle était consciente, elle était vertueuse. On faisait le bien en condamnant ceux qui ne pensaient pas comme l'ensemble. Le bien se trouvait dans l'unanimité de la société civile et religieuse. C'est pour cela que l'autorité avait une telle importance: elle sauvait l'unanimité, elle protégeait le bien.

Aujourd'hui, peut-être par réaction instinctive, on sent, un peu partout, un refus profond de l'unanimité. C'est peut-être, tout simplement, parce qu'on trouve, paradoxalement, sa sécurité dans le refus de penser comme les autres. Les idées sont à ce point éparpillées que chacun peut s'en approprier une bien à lui. L'unanimité n'est plus possible, ni même recherchée.

D'abord, les influences sont trop nombreuses, les valeurs trop variées, les maîtres trop omniprésents pour se rencontrer dans une pensée unique.

Pensons qu'une famille «normale» passe, devant son appareil de télévision, environ 28 heures par semaine. Pensons que la radio fonctionne toute la journée dans plusieurs foyers, véhiculant, maintenant, bien plus d'opinions que d'information. Pensons que certains films demeurent des mois, à Montréal, dans la même salle, que d'autres salles se remplissent tous les jours simplement parce qu'elles offrent un nouveau regard sur la vie. Pensons que les journaux les plus faciles, c'est-à-dire à l'information la moins structurée, se vendent le plus facilement. On parvient alors à la conclusion que des foules d'idées diverses, des foules d'opinions, de perceptions, de courants et même d'idéologies se promènent et s'offrent à tous ceux qui veulent s'ouvrir les yeux et les oreilles, à tous ceux qui vivent au sein d'une société vivante.

Bien sûr, on compte un certain nombre de personnes qui trouvent le moyen de s'immuniser contre ce mouvement. Elles règlent leur problème; mais elles n'entrent pas en communication avec le reste du monde. On est alors certain de l'intolérance de ces gens envers le monde extérieur — qui saura bien le lui rendre.

Les influences d'aujourd'hui sont trop nombreuses pour qu'elles fassent place à une certaine unanimité. Et elles sont trop émotives, trop superficielles pour qu'elles laissent espérer certains accords profonds. Comme elles séduisent à fleur de peau, elles engendrent des réactions émotives agressives pour leur protection : l'adolescent réagit durement contre celui qui s'attaque à sa nouvelle découverte.

On rencontre, chez beaucoup de gens, ce que l'on appelle «des sincérités successives». C'est-à-dire que ces gens peuvent soutenir violemment une idée, avec autant de sincérité que de passion, et soutenir, quelque temps plus tard, une idée contraire, avec, encore, autant de sincérité que de passion. On aimerait plus de logique, ou plus de constance, de fidélité. Impossible : les influences sont trop nombreuses et trop séduisantes. Elles empêchent la continuité de la pensée. Comme il est difficile d'accepter un tel état de faits sans mettre en doute sa propre capacité d'être et de raisonner, il vaut mieux condamner les autres qui ne pensent pas de la même façon.

Dans une multiplicité d'influences, on protège la sienne en condamnant celle des autres. Et souvent, les autres.

Mais aussi, si l'on veut tellement se protéger contre l'opinion des autres, c'est beaucoup à cause de l'accent que notre société met sur le phénomène de «personnalisation».

La personnalisation, c'est l'identité. Quand on a passé sa vie dans l'unanimité anonyme, l'identité devient précieuse.

La personnalisation, c'est l'affirmation de soi. C'est la découverte de soi qui se transforme en affirmation explicite, publique, à haute voix. On veut dire ce que l'on est, ce que l'on vient de découvrir au fond de soi.

On relie beaucoup la personnalisation à la libération. On a de cela plusieurs exemples au plan politique et au plan religieux : on sent que l'on peut devenir soi-même seulement en se libérant du passé, des liens d'autrefois, surtout de ceux qui comptaient le plus ou qui nous ont le plus marqués.

Il faut une longue expérience de vie, de personnalisation et d'identité sereine, pour accepter facilement les autres. Au départ, on risque de voir, dans les autres, autant de limites, autant d'empêchements à ce que l'on voudrait être. On n'est pas assez sûr de soi pour laisser vivre les autres, même s'ils ont le même goût de personnalisation, même s'ils tendent vers la même fin.

C'est ce qui se produit chez nous.

L'intolérance envers des valeurs passées, comme les valeurs religieuses, ne peut s'expliquer que par le désir de personnalisation qui franchit l'étape de la libération. Et de façon agressive, peu harmonieuse, très émotive. C'est peu raisonné et peu raisonnable; certains disent que c'est «viscéral».

Même réaction devant les valeurs nationalistes. Elles sont aussi viscérales parce qu'elles prennent parfois, chez certains, les dimensions d'un nouveau sacré, d'une nouvelle religion. Elles servent à la libération, elles sont condition de personnalisation.

Mais tous ne se libèrent pas de la même façon et la personnalisation de l'un peut fort bien contredire celle de l'autre. Si celle de l'autre paraît plus forte, plus agressive, plus dominante, on aura du mal à la tolérer. On aura surtout du mal à tolérer la personne qui émerge derrière cette personnalisation. Les valeurs religieuses que l'on a mises de côté et les valeurs nationalistes, vers lesquelles on tend, pourraient bien nous unir. Mais pas encore, pas pour l'instant. Pour le religieux, c'était hier. Pour le nationalisme, c'est pour demain. Notre époque actuelle a le mauvais sort de l'entre-deux.

Un jour, bientôt pour certains et trop tard pour bien d'autres, nous aurons assimilé les valeurs nouvelles de notre personnalisation. Nous aurons assimilé personnellement, intimement, des valeurs religieuses ou tout au moins spirituelles. Un jour, nous ne craindrons pas les autres qui ne pensent pas comme nous. Ce jour paraîtra quand on aura acquis la sérénité de la découverte de soi. On ne sait pas encore suffisamment qui l'on est, la découverte est trop récente, l'assimilation reste à faire.

L'intolérance émotive

Plusieurs causes ralentissent le processus de personnalisation. Mais surtout, plusieurs causes empêchent presque l'apparition de la tolérance dans notre personnalisation.

Une de celles-là, c'est l'émotivité très grande qui remplit les nouvelles options actuelles.

Nous venons d'un monde où l'émotion avait peu de place. Elle pouvait s'exprimer dans le cadre du sentiment familial de quelques façons : les joies et les peines d'une famille étaient intimement partagées par tous ses membres.

Mais, à cette époque, nous subissions l'émotion. Elle ne pouvait guider un choix et orienter une option. On ne pouvait pas se permettre une émotion qui refuse la raison. Parce que l'émotion est un luxe, une fantaisie. La raison dicte le chemin nécessaire. La raison est garante de vertu ; l'émotion frôle la faute. L'émotion est dangereuse.

Aujourd'hui, tout est chargé d'émotion. Les choix les plus importants, même chez les individus que l'on croit les plus rationnels, ne sont qu'expression d'émotions. Et si vous demandez à quelqu'un de faire un peu de place à la raison dans une importante option, vous risquez de vous faire traiter d'inhumain, d'insensible ou de désincarné.

Or, l'émotion est beaucoup plus intolérante que la raison. L'émotion est globale, elle refuse l'analyse. Elle accepte ou rejette tout d'un seul coup. Elle fouette et blesse au-delà de la mesure. Elle condamne en bloc. Il va de soi qu'elle empêche la discussion. Et elle sépare les personnes bien plus que les options. L'émotion est la première ennemie de la tolérance.

Un jour, je parlais à un représentant d'un organisme public. Il me disait la faible participation de la population à son élection. Comme je manifestais ma déception devant cette mince proportion qui rend peu signifiante la représentation de l'élu, il s'est senti mis en doute. Il me lance alors, sur un ton qui n'admet pas de réplique: «Moi, au moins, on m'a élu; toi, personne ne t'a élu pour faire ce que tu fais...» J'étais condamné. J'aurais voulu dire que je ne travaillais pas dans un organisme public, que je ne représentais pas la population, que je n'avais pas à prendre de décisions au nom des autres, que je n'engageais pas les fonds publics, que je ne représentais que moi-même... Impossible: l'émotion couvrait la raison. Je devais subir l'intolérance émotive.

Cette intolérance ne peut engendrer qu'une réaction semblable. Cela va de soi: l'intolérance engendre l'intolérance.

L'intolérance provient souvent, disions-nous, de l'insécurité des uns. Mais elle crée l'insécurité des autres. Ils ne peuvent réagir qu'avec la même arme.

Depuis plusieurs mois, le Québec a connu plusieurs grèves dans la fonction publique. La population n'analyse pas les éléments qui causent le conflit. D'abord, parce que les parties l'informent mal; ensuite, parce que tout cela est bien complexe et difficile à apprécier. Si on affaiblit le raisonnement, il reste alors une émotion pour réagir. On rage contre les infirmières qui ont laissé souffrir celui ou celle que l'on aime. On peste contre les enseignants qui font perdre un semestre à un étudiant. On condamne le col bleu qui sabote les feux de circulation où l'on est victime d'un accident. Bref, on gueule contre tout le monde et surtout contre les syndicats qui veulent changer la société, qui nous enlèvent notre bien-être et notre paix. On s'arme contre la gauche: on ne veut plus la tolérer.

Alors apparaît une droite qui se forme contre la gauche. De part et d'autre, on s'excommunie: on ne se tolère pas. Et pour cela, pas besoin de la raison.

Les regroupements de droite engendrent ceux de gauche et vice versa.

Ordinairement, la droite apparaît plus intolérante que la gauche. C'est normal: la référence à des principes ne se discute pas et l'argument de tradition peut parfois ressembler à celui de raison. De toute façon, les gens de droite considèrent souvent qu'une réalité trouve sa valeur dans sa durée. Plus elle existe depuis longtemps, plus il faut la respecter. Et la respecter consiste ordinairement à ne pas la mettre en doute. Comme, par exemple, une institution religieuse existe depuis longtemps, il est difficile de la transformer : elle porte en elle l'argument de durée. On ne change pas ce qui a toujours bien fonctionné, ce qui a fait ses preuves, disent certains. On ne change pas une combinaison gagnante, disent les joueurs. On ne touche pas facilement à ce qui a su résister pour exister.

La gauche aime le mouvement. Elle est orientée vers le changement, vers le nouveau, vers l'inédit. Elle ne protège pas le passé, elle se fait un avenir. La gauche devrait, normalement, accepter les diverses personnalisations qui apparaissent dans une société. La gauche devrait avoir un respect instinctif envers les différences. La gauche devrait se plaire dans la diversité.

Pas chez nous. La gauche est intransigeante. Elle condamne la droite avec autant d'agressivité que la droite la juge. Elle ne tolère pas les institutions, les références au passé, les images mêmes du passé. La gauche est radicale, chez nous.

Pourquoi ? Parce qu'elle est émotive. Même celle qui se dit intellectuelle est d'abord émotive. Elle condamne sans avoir besoin de raison.

Un exemple, où tout n'est pas joli mais qui illustre assez bien cette émotion qui se prive de raison.

Dans *La Presse* du 9 mars 1980, on lit le compte rendu d'une conférence de M. Pierre Bourgault devant les 650 invités du banquet de la Ligue d'action nationale. Présidence d'honneur de M. et Mme Jacques Parizeau. Présence du nouveau consul mexicain à Montréal. Présentation du conférencier par M. François-Albert Angers. M. Bourgault fait l'histoire du Québec. Et je cite le journal : «Mais il y a seulement 10 ans, un certain P. E. Trudeau jetait encore le Québec en prison (crise d'octobre)», d'interjeter l'orateur. À ces mots, on a entendu du fond de la salle: «Qu'il mange de la marde.» Et une salve d'applaudissement.

À quoi sert la raison?

L'intolérance syndicale, l'intolérance marxiste, l'intolérance démocratique de certains mouvements, l'intolérance religieuse de certains militants, l'intolérance haineuse qui remplit les débats politiques, tout cela n'a rien de rationnel. En fait, l'intolérance ne peut pas être rationnelle. C'est parce qu'elle est émotive qu'elle est ce qu'elle est. L'intolérance défie la raison, même chez ceux qui font semblant de l'utiliser. Que ce soit au nom de la foi, d'une institution, d'un principe, d'une tradition, d'une option politique ou philosophique, d'une société ou d'une raison de vivre, l'intolérance que nous connaissons si bien, chez nous, et de plus en plus, est le pur produit du dépassement de l'émotion sur la raison.

La difficulté du choix

On se souvient tous du merveilleux monologue d'Yvon Deschamps sur l'intolérance. On en a bien ri; mais ça n'a rien changé.

Le personnage de Deschamps n'avait que lui comme référence: les cheveux longs comme les siens, c'était parfait; comme ceux des musiciens, c'était malpropre! Et il affirmait: «Il y a une chose qu'il ne faut pas tolérer, c'est l'intolérance...» Pour bien signifier que chacun est intolérant sur des petites choses, que chacun veut combattre l'intolérance mais que chacun se fait intolérant à l'intérieur même de son combat.

Parce qu'on ne sait pas ce qu'il faut tolérer. Et les plus grands défenseurs de la tolérance savent bien qu'ils ne peuvent pas tout tolérer. La difficulté, c'est de faire un choix. Personnel et rationnel.

Or, on n'a pas l'habitude des choix rationnels et personnels. C'est la nouvelle possibilité de choix qui incite à l'intolérance. En d'autres termes, ce n'est pas l'intolérance collective d'hier qui forge aujourd'hui l'intolérance individuelle: celle-là ne nous faisait pas souffrir.

On n'en était pas vraiment conscient et on ne ressentait pas ses effets néfastes. On était unanimement intolérant : c'était facile.

Aujourd'hui, on scrute le passé avec des yeux sévères et injustes. On peut se moquer, par exemple, de l'intolérance de certains curés ou même d'évêques ultramontains qui obligeaient autrefois leurs fidèles à voter pour les conservateurs sous peine de péché mortel et même de refus de l'absolution. On oublie le contexte, les relations entre Église et État à ce moment, l'évolution lente du peuple québécois et l'influence européenne sur nos mœurs politiques. On condamne naïvememt l'intolérance du passé.

C'est l'injustice la plus facile et l'intolérance la plus bête : on ne donne à personne la chance de s'expliquer. On condamne par contumace sans entendre les principaux témoins. L'intolérance envers le passé est d'ailleurs répandue surtout chez ceux qui le connaissent mal. Alors, ils condamnent par ignorance. On reproche au passé de ne pas être aujourd'hui. C'est le summum de l'intolérance qui rejette tout du même coup, qui jette le bébé avec l'eau du bain. C'est l'intolérance anticléricale, par exemple. Ailleurs, c'est dépassé. Chez nous, ça subsiste encore. On n'a pas encore fait son choix sur les valeurs du passé parce qu'on les connaît mal. Le mauvais jugement suit tout simplement l'ignorance.

On sait mal faire le partage entre l'essentiel et l'accidentel de la tradition. On risque toujours, alors, de s'attacher à l'accidentel et d'oublier l'essentiel. Pas surprenant que l'on soit intolérant ; mais on a tout mêlé.

J'entends des gens se moquer des religieux ou des missionnaires avec des images d'autrefois ; simplement parce qu'ils ne connaissent pas ceux d'aujourd'hui. On entretient le rire autour des manies des uns et des autres. On cultive les travers et on en fait des histoires drôles à conter. Ce n'est même plus de l'anticléricalisme : c'est du retard d'information, de la paresse intellectuelle, de la négligence dans la connaissance. Ça prend encore dans certains milieux attardés : leur intolérance est insupportable, surtout quand ils peuvent la publier ou la proclamer sur les ondes.

Ces marginaux ne représentent cependant pas la majeure partie des intolérants.

La majeure partie se trouve chez ceux qui souffrent d'une situation qu'ils n'ont pas choisie. Ils ne sont pas en paix avec leur contexte ni même parfois avec eux-mêmes. Parfois, ils essaient de vivre aujourd'hui leur vie d'autrefois ; parfois ils veulent obliger la vie d'aujourd'hui à ressembler à celle d'autrefois. Mais sans succès. Alors ils deviennent intolérants simplement parce qu'ils doivent vivre malgré eux la vie des autres.

Ces gens sont en conflit perpétuel. Ils risquent de s'attacher malgré tout au passé et de refuser tout ce qu'apporte le présent. Ou ils risquent de démissionner du passé, d'accepter sans discernement ce qui représente le présent. Ils vivent le conflit de l'adaptation et de la fidélité.

L'intolérance habitera alors ces gens parce qu'ils sont malheureux. Ils n'ont pas pu approfondir leur choix ni motiver leurs options. Ils ont perdu confiance en eux et ils tentent de le cacher aux autres.

Les intolérants de cette catégorie, ceux qui souffrent devant leur propre situation, doivent refuser le monde qui les entoure pour parvenir à une nouvelle conviction. On les trouve conséquemment davantage chez les plus traditionalistes, chez ceux que trouble le changement. Ils peuvent devenir méchants envers ceux qui incarnent le changement et la nouveauté.

C'est une souffrance que l'on trouve chez ceux qui vieillissent sans pouvoir accepter le temps qu'ils accusent de les faire vieillir. C'est l'intolérance du malheur. Une vie heureuse pourrait en faire de grands tolérants.

Le chemin d'une évolution

Notre génération actuelle semble condamnée à vivre dans l'intolérance. Peut-être parce que l'intolérance accompagne plusieurs des cheminements de notre évolution. Il faut peut-être pratiquer, un moment, l'intolérance pour apprendre à se former un jugement critique, pour se trouver une personnalité, pour définir ses goûts et ses propres tendances, pour s'exprimer avec des mots qui ne ressemblent pas à ceux des autres.

Mais y aura-t-il moyen de s'en sortir un jour...?

Peut-être le jour où, après s'être découvert, connu, analysé et accepté, on commencera à mieux s'aimer.

Présentement on devine le désir de cette démarche. Mais il faut bien admettre que la démarche est boîteuse.

Certains décident de se faire eux-mêmes tolérants, c'est-à-dire de copier des attitudes de tolérance. Ils acceptent et suivent toutes les modes, même les plus fragiles et les plus vides. Ils adoptent toutes les idées nouvelles.

C'est le cas de plusieurs parents qui ont craint de perdre contact avec leurs enfants. Les jeunes avaient des goûts si différents, des idées si différentes des leurs, des vies si différentes de leur vie. Ils n'ont pas voulu tout refuser; ils ne savaient comment juger; souvent, ils ont démissionné.

Non pas en s'engageant dans de nouvelles options idéologiques ou de nouvelles tendances intellectuelles. Non, leur démarche n'avait rien de trop rationnel : elle s'inspirait d'un sentiment, d'un désir de bien faire.

Ils ont suivi pour être populaires. Ils ont emboîté le pas dans une marche et une danse qu'ils ne connaissaient pas. Vous appelez ça de la tolérance? Sûrement pas. La tolérance est active et positive; la démission est une faiblesse passive, l'action de celui qui ne sait réagir.

Il est heureux que les enfants des dernières années aient eu une influence sur leurs parents. Ce qui est dommage, c'est que cette influence soit parfois aussi vide que celle des parents d'autrefois : gratuite, sans fondement, sans raison, toute en émotion. Les parents ont démissionné au nom de l'autorité de leurs enfants. Même s'ils devaient se contredire et couper les ponts avec leur passé.

Le meilleur exemple: sur le plan religieux. La «religion» des jeunes est devenue celle des parents. Pas parce que les jeunes ont su mieux défendre leurs positions. Non; tout simplement en disant aux parents que leur morale était «vieux jeu». Comme «les vieux» ne veulent pas avoir l'air vieux, comme ils envient les jeunes, leur liberté et leurs avantages, ils démissionnent.

La démission des parents devant leurs enfants est un phénomène qui ne doit pas s'apparenter avec la tolérance. Car ce n'est pas vrai qu'il faille renier ce que l'on est au nom du respect des autres.

Cette démission est utile, d'une façon: elle nous montre clairement le chemin de l'évolution de la tolérance. Elle nous montre le dur apprentissage de la tolérance qui comprend, paradoxalement, des excès d'intolérance envers ce que l'on a été. Elle nous montre ce que nous sommes, profondément: des êtres inquiets, des chercheurs insatisfaits.

Peut-être que la première découverte à faire sera au niveau de la valeur objective de notre tradition, de notre passé, de nos ancêtres et de notre hier. On s'en prend tellement, aujourd'hui, à tout ce que l'on était autrefois que l'on déprécie tout le résultat de ce passé. On n'aime pas ce que l'on est. On ne s'aime pas. Les Québécois ne s'aiment pas, ils ne sont pas bien avec eux-mêmes. S'ils s'aimaient, s'ils vivaient en paix avec eux-mêmes, ils n'auraient pas besoin de renier ce qu'ils croient, pas plus que de condamner ce que les autres croient. S'ils pouvaient se trouver bien dans leur peau, c'est-à-dire dans leurs convictions et dans leurs choix de vie, ils ne désireraient pas toujours celui des autres, ils ne le condamneraient pas aussi facilement quand ils ne peuvent l'obtenir.

Le fond de notre intolérance se trouve dans l'incapacité d'affirmer ce que l'on est et ce que l'on a: on n'est pas assez sûr de sa valeur pour la dire à haute voix sans mépriser les autres.

Quand on n'est pas sûr de soi, on n'écoute pas les autres parce qu'ils peuvent nous mettre en doute. On les condamne le plus fort possible, comme si l'intensité de la condamnation ajoutait à l'intensité de sa propre conviction personnelle. On n'analyse pas les faits, on ne se préoccupe même pas de les avoir tous : la vérité objective fait peur.

C'est pour cette raison qu'on s'en prend aux personnes : elles sont toutes fragiles, bien plus que les faits, bien plus que la vérité. On se réfugie dans la subjectivité émotive : elle donne une passion à l'opinion à qui manque la raison.

On appelle tolérance ce qui n'est que faiblesse. Pas surprenant que la réaction suivante, celle qui s'affirme vraiment, soit si intolérante.

Le faux respect

On a connu, pendant longtemps, cette fausse attitude de respect qui nous obligeait à nous taire même en plein désaccord. C'était au nom du respect de tout, sauf de la vérité. Au temps de notre intolérance collective, même la vérité devait être collective : les vérités individuelles n'avaient pas droit de parole.

C'était au temps où l'on se référait plus aux principes qu'aux valeurs ; à l'argument d'autorité, par exemple, plus qu'à la vérité. Tout cela a laissé des traces dans notre société actuelle. On trouve maintenant deux réactions extrêmes à ce silence imposé.

On voit des gens qui n'ont pas su faire le passage du principe à la valeur. Qui ne savent pas marcher droit vers la vérité depuis le jour où ils ont laissé tomber les béquilles de l'autorité. Ces gens-là ne savent pas quoi dire ; ils ne savent pas se défendre. Alors, sans valeurs, ils se réfugient dans les attitudes et les comportements : ils s'adaptent. Aux plus jeunes, aux plus séduisants, aux plus à la mode, aux plus valorisants pour leur pauvre personne. Ces gens-là ont démissionné parce qu'ils ne savaient pas quoi défendre de ce qu'ils étaient. Ils préfèrent devenir autres plutôt que de rester minoritaires avec ce qu'ils étaient. Ils cherchent une majorité qui les console; ils se jettent dans l'anonymat majoritaire, plus sécurisant que l'identification du solitaire.

Ils sont nombreux ceux qui ont démissionné; leur intolérance s'exerce envers le passé qui leur fait des reproches qu'ils ne veulent pas entendre.

La masse des 40 ans d'aujourd'hui est, malgré tout, à l'aise dans cette démission. Parce qu'elle se dit tolérante.

Ce n'est pas du respect que de tout tolérer.

Quelqu'un soutient devant vous des idées que vous trouvez aberrantes, mais vous le laissez dire sans exprimer les vôtres. Quelqu'un chante, devant vous, une chanson idiote qui rebute à votre sens artistique et même au seul bon goût; et vous applaudissez. Quelqu'un saute et crie, gesticule et se bat comme une bête; et vous riez. De la tolérance, ça? Non, de la démission.

La démission est irrespectueuse. Elle ne respecte pas l'interlocuteur parce qu'elle lui fait croire à un accord qui n'existe pas. Elle ne respecte pas celui qui la manifeste; ni celui à qui elle s'adresse. Elle ne respecte personne.

Chez nous, dans les milieux que l'on croit et dit tolérants, il n'y a pas que de la tolérance, il y a rarement de la tolérance. Il y a souvent de la démission.

Peu de gens l'avoueront. Ils accusent les autres de démission. Mais pas eux. Eux ont le courage... d'accuser les autres. Ils ont la lucidité d'identifier la démission... des autres. On n'admet pas beaucoup ses démissions parce qu'elles racontent nos échecs.

Mon propos n'est pas de susciter des confessions; il consiste simplement à identifier un certain nombre de valeurs. Et si l'on veut faire un juste portrait à la tolérance, il ne faudrait surtout pas la confondre avec la démission.

Au moins par respect pour la tolérance.

D'autres personnes résistent à la démission par l'intolérance.

Elles ne sont pas plus sûres que les autres des valeurs à défendre; car si elles l'étaient, elles supporteraient qu'on les discute. Elles ne supportent pas l'affrontement parce qu'elles ne savent pas très bien utiliser l'argument de raison. Elles condamnent les personnes, comme nous avons vu, pour que le jugement soit définitif : on n'a pas besoin d'analyser la thèse de celui que l'on a déclaré méchant.

L'intolérance, chez nous, fait figure d'argument des forts. De ceux qui savent ce qu'ils veulent, de ceux qui ont des principes, de ceux qui ont le pouvoir de ceci ou de cela, de ceux qui contrôlent : eux vont vous dire qui aimer, comment voter, comment parler, comment vivre. Au plan religieux, ils défendent nécessairement l'interprétation unique de leur religion, même au-delà de la foi. C'est pourquoi ils condamneront au nom de la religion même en s'éloignant de leur foi.

Les intolérants que nous connaissons, et nous en connaissons tous plusieurs, ont pour eux le calme de la vérité qui s'impose. Ils ont la quiétude de ceux qui cultivent l'assurance d'avoir raison. Les intolérants ne sont pas des inquiets : ils laissent ce mal à ceux qui ont démissionné. Les intolérants sont extérieurement sereins, parce qu'ils ne peuvent se permettre de douter. Leurs combats sont des croisades et des guerres saintes. Leurs ennemis sont des égarés. Les intolérants ont le pouvoir de l'absolu.

Avons-nous plus de démissionnaires que de tolérants ? À chacun de faire son propre compte.

Il faudrait pourtant rencontrer la tolérance incarnée dans des personnes qui auront su faire le bilan de leur passé, qui auront fait leur choix au sein des valeurs à protéger, qui auront choisi la vérité et qui seront prêtes à l'incarner.

Il va de soi que notre unanimité passée joue contre nous dans un sens ou dans l'autre. Les tolérants rationnels, les vrais tolérants, apparaissent lentement, petit à petit, à mesure qu'ils se sentent capables de choix personnels et valorisants. À mesure qu'ils trouvent leur chemin, les vrais tolérants le disent aux autres sans tenter de le leur imposer.

Dans le Québec d'hier, les valeurs jugées les plus belles et les meilleures étaient imposées. On n'avait pas le choix : il fallait les aimer. Il fallait même accepter l'interprétation des autres, des spécialistes penseurs, de ceux qui décidaient des choix du reste du monde. C'est ainsi, dans ce schéma social, que l'on a pu parvenir à certains abus de l'intolérance. Si on peut les admettre, les identifier, les nommer et les regretter, on a déjà un pas de fait vers la rationalité. Mais si on condamne le passé à cause de ses excès, à cause de l'erreur de ceux qui jugeaient la qualité des valeurs et les imposaient pour le salut collectif de l'ensemble, on se fait intolérants.

Je comprends qu'on en ait le goût. Je ne comprends pas qu'on s'y laisse aller.

Le vrai respect

On rencontre de plus en plus de gens qui savent affirmer leurs idées avec clarté. Qui défendent des opinions avec conviction et chaleur. Et qui, ô miracle, sont à l'écoute des autres. On rencontre ces gens, parfois, dans des groupes de dialogue œcuménique, dans des milieux d'échanges universitaires, dans des milieux de travail qui réunissent des spécialistes ou des ouvriers qui partagent un métier et connaissent le sens de la rencontre. On rencontre de plus en plus, au Québec, des gens qui cherchent la vérité. Nous avons un obstacle majeur : les unanimités d'hier. Ce qui signifie que l'on peut bien s'entendre sur bien des points de vue, on peut s'affirmer et tendre l'oreille à bien des discussions. Mais difficilement quand on touche à la religion et au nationalisme. Là, on se partage, on se condamne, on s'excommunie. Parce que la raison est submergée par la passion.

Sur le plan religieux, il y a longtemps que les Québécois ont brossé le tableau des diverses réactions décrites plus haut. À la suite de l'unanimité, il y a eu le clan des démissionnaires, puis, celui des intolérants. Au centre, et parmi tous ceux-là, on trouve celui des tolérants. On peut croire que chacun de ces groupes s'identifiera davantage avec le temps. Que le premier grandira, que le second diminuera en nombre et croîtra en intensité ; que le troisième trouvera une sérénité au milieu des adversités.

Sur le plan nationaliste, aujourd'hui, c'est plus complexe. Il faut s'attendre à moins de démissionnaires, à plus de passionnés. Il faut s'attendre à un surplus d'intransigeance au plan de l'analyse du présent, du passé et de l'avenir. À plus d'intolérance envers les personnes. Il faut prévoir des moments difficiles à traverser.

Au milieu des débats, on trouvera peut-être des hommes et des femmes capables d'affirmation et d'écoute, de fidélité au passé et de participation au présent, de raison autant que de passion. Des tolérants, il en naîtra sûrement. Mais très lentement.

Pour le moment, on tente d'apprendre à vivre personnellement, individuellement, comme partie autonome d'un tout. On cherche à identifier un moi individuel qui s'associe au moi collectif. On est à la découverte de la personnalisation et de l'affirmation. Et ça se fait lentement.

Quand on y sera parvenu, quand on sera bien avec soi-même, on pourra mieux écouter les autres. On saura s'intéresser à leurs idées et les juger sans les mêler aux personnes. On saura trouver son bon grain au milieu de l'ivraie. On se fera tolérant avec critique et raison.

Malheureusement, ce n'est pas pour tout de suite.

UN DERNIER MOT

Tout au long de ma relecture, je pense à tout ce que je n'ai pas écrit. J'aurais pu, j'aurais peut-être dû, dire beaucoup plus. Expliquer ceci, fouiller cela, éviter les absolus, laisser plus de relativité aux causes et à leurs effets.

Je sais bien qu'un autre voit les choses tout autrement : il choisit d'autres valeurs et voit tout évoluer dans bien d'autres sens. Il interprète la vie d'une autre façon parce qu'il vit, parce qu'il vieillit, parce qu'il pleure ou rit de toute autre façon.

Je sais les trous de ma réflexion. Et je devine assez bien les objections qu'on lui fera. C'est le sort que choisit l'auteur d'un essai. Il dit son monde à lui, son hier et son aujourd'hui. Alors, il affronte d'autres mondes, tous ceux des autres. Aussi subjectivement vrais ; aussi subjectivement autres.

L'essai s'écrit pour l'amour de la vie qu'on partage ou veut partager. Il offre l'idée qui en suscite une autre. Il touche une valeur, bien incarnée dans une culture, pour que la reçoivent les sens d'un esprit tolérant.

J'ai écrit ce que je ressens. Et j'en crois et j'en pense encore bien davantage.

TABLE DES MATIÈRES

ACHEVÉ D'IMPRIMER SUR
LES PRESSES DES ATELIERS
MARQUIS DE MONTMAGNY
LE 20 JUIN 1980 POUR
LES ÉDITIONS LEMÉAC INC.

DANS LA MÊME COLLECTION

Jacques Grand'Maison, *Au mitan de la vie.* 1976, 210 p.
  — *Une philosophie de la vie.* 1977, 292 p.
  — *Au seuil critique d'un nouvel âge.* 1979, 182 p.
Hélène Pelletier-Baillargeon, *Le pays légitime.* 1979, 254 p.
Jacques Grand'Maison, *Une foi ensouchée dans ce pays.* 1979, 140 p.
Guy Brouillet, *La passion de l'égalité.* 1979, 212 p.
Jean-Luc Hétu, *Croissance humaine et instinct spirituel.* 1980, 212 p.
Marie-Magdeleine Carbet, *Au sommet, la sérénité.* 1980, 128 p.